教育部人文社会科学研究基金项目成果

网络链接行为的刑法规制

刘　科　著

中国人民公安大学出版社

·北　京·

图书在版编目（CIP）数据

网络链接行为的刑法规制 / 刘科著. —北京：中国人民公安大学出版社，2021.2

ISBN 978-7-5653-4038-3

Ⅰ.①网… Ⅱ.①刘… Ⅲ.①计算机犯罪—刑事犯罪—研究—中国 Ⅳ.①D924.04

中国版本图书馆 CIP 数据核字（2021）第 039767 号

网络链接行为的刑法规制

刘 科 著

出版发行：中国人民公安大学出版社
地　　址：北京市西城区木樨地南里
邮政编码：100038
经　　销：新华书店
印　　刷：涿州市新华印刷有限公司

版　　次：2021 年 2 月第 1 版
印　　次：2021 年 2 月第 1 次
印　　张：7.875
开　　本：880 毫米×1230 毫米　1/32
字　　数：177 千字

书　　号：ISBN 978-7-5653-4038-3
定　　价：32.00 元

网　　址：www.cppsup.com.cn　www.porclub.com.cn
电子邮箱：zbs@cppsup.com　zbs@cppsu.edu.cn

营销中心电话：010-83903991
读者服务部电话（门市）：010-83903257
警官读者俱乐部电话（网购、邮购）：010-83901775
法律图书分社电话：010-83905745

内容摘要

随着网络链接技术的飞速发展，链接行为涉及的网络违法犯罪案件已在我国出现多起。根据有关司法解释的规定，对于提供淫秽网站以及其他违法犯罪信息的链接行为可以按照片面共犯或者正犯行为追究刑事责任。《刑法修正案（九）》生效后，可以直接按照增设的网络犯罪正犯行为追究刑事责任，司法实践中也已经处理过多起这类犯罪案件。尽管如此，在追究网络链接行为刑事责任的过程中，始终存在巨大的理论争议。例如：在法律上具有意义的网络链接的含义到底是什么？（深度）链接行为能否视为侵犯著作权罪中的复制发行行为？链接行为能否视为传播淫秽物品犯罪中的正犯行为？非法链接中的“明知”如何判定？片面共犯理论、共犯行为正犯化理论、不作为犯罪理论等在追究非法链接刑事责任的法律适用中存在哪些障碍？《刑法修正案（九）》增设网络犯罪后，以网络链接实施的违法行为如何定罪处罚？等等。上述问题不可避免地与片面共犯理论、中立的帮助行为理论、共犯行为正犯化理论等纠缠在一起，使得相应的刑法理论在解释网络链接犯罪的定罪处罚问题上存在各种各样的争议，亟须研究。

本书是教育部2014年度人文社会科学研究基金项目“网络链接的刑法规制”的最终成果，分为五章，依次对上述问题展开研究。

第一章是网络链接犯罪概述。本章主要研究网络链接的含义、网络链接的分类、违法网络链接行为的侵权性质等基础性问题。简单来说，网络链接就是不同文件（电子信息资源）的连接桥梁。从不同角度看，对网络链接可以有多种分类，其中一般链接与深度链接是最为常见的分类，该分类对于研究民法上的直接侵权行为与间接侵权行为或者刑法中的正犯与共犯行为具有代表性意义。

民法学界和刑法学界在对网络链接行为的研究中存在不同的进路。在民法学界，主要是围绕网络链接行为是直接侵权行为还是间接侵权行为而展开。在刑法学界，通常以民法上的直接侵权和间接侵权理论为参照，讨论网络链接行为是实行行为（正犯行为）还是帮助行为（共犯行为）。《刑法修正案（九）》增设拒不履行信息网络安全管理义务罪和帮助信息网络犯罪活动罪两种网络犯罪后，解决了一部分网络侵权行为共犯行为正犯化问题。但是，也带来了一些新问题。例如：有部分犯罪（传播淫秽物品牟利罪等传播、煽动类犯罪），对其犯罪信息进行网络链接本身就可能构成正犯行为，增设新罪后对该类犯罪的刑法适用有何影响？是否存在《刑法修正案（九）》增设新罪规制之外的值得科处刑罚的行为？如果存在，如何解决？一般链接行为和深度链接行为在构成正犯或者共犯行为上有何区别与联系？二者是否要分开研究？等等。

第二章是网络链接行为构成犯罪的定罪思路回顾与展望。由于网络的虚拟性与高科技性，非法网络链接这种共犯的危害性经常超过正犯的危害性却又不好定罪，因而存在被作为正犯处理的内在需要。基于此，我国刑事司法和立法惩治网络链接行为构成犯罪的基本走向是帮助行为正犯化，即从司法解释承认片面共犯到规定按照正犯处理，再到立法上设置独立的一般性罪名，法网呈现逐步收紧、处罚呈现逐渐独立的走向。

然而，这种正犯化的走向却非一步到位，而是走两步退一步，一方面，包括网络链接行为在内的网络犯罪帮助行为具有严重的社会危害性，但帮助者与被帮助者之间缺乏意思联络或者意思联络难以查明，按照正犯化处理有内在需求，因而帮助行为的正犯化走向是不可逆的。另一方面，在中立帮助行为的可罚性及其范围面临诸多争议的情况下，正犯化走向必然受到诸多限制。这种走向反映了司法者和立法者在正犯化走向上的犹豫与徘徊：既要惩处危害巨大的网络犯罪帮助行为，又要顾忌帮助行为正犯化后带来的不利后果，司法解释和刑法立法在该问题上态度摇摆不定，采取进两步退一步的做法也在情理之中。

网络链接行为正犯化后的基本处理规则是：法定最高刑相同时，适用拒不履行信息网络安全管理义务罪或帮助信息网络犯罪活动罪正犯定罪处罚；共犯法定刑较高，适用从犯从宽处罚的规定后仍高于正犯法定刑的，按照共犯定罪处罚（例如，为组织、领导恐怖活动犯罪提供链接等帮助行为，按照组织、领导恐怖活动犯罪的共犯定罪处罚，而不是按照帮助信息网络犯罪活动罪正犯定罪处罚）；他罪法定刑低于本罪，按照他罪正犯定罪处罚（例如，为损害商业信誉行为提供链接构成的犯罪，应按照损害商业信誉罪定罪处罚，而不是按照帮助信息网络犯罪活动罪定罪处罚）。

第三章是一般链接行为的刑法规制。一般链接行为与深度链接行为在可能构成犯罪的种类以及罪名适用上都存在差异。在深度链接中，除了一般链接行为可能触犯的所有违法犯罪情形以外，还可能侵犯被链方及有关权利人的著作权，可能另行构成相应的侵犯著作权犯罪；深度链接行为到底是直接侵权还是间接侵权一直存在争议。因而，本书分别对一般链接与深度链接的刑法规制问题展开研讨。

在《刑法修正案（九）》生效之前，对于一般链接行为按照共犯处理，尽管存在片面共犯、中立的帮助行为等理论依据，甚至司法解释还进行了尝试性规定，但是仍然面临巨大争议，适用范围较为狭窄，远远无法适应惩治一般链接行为中存在的违法犯罪问题。基于此，《刑法修正案（九）》开始采用正犯化的立法，将相应犯罪的共犯性质的一般链接行为开始独立规定为犯罪，即共犯行为正犯化的立法模式。因此，在《刑法修正案（九）》生效之后，对于一般链接行为中的违法犯罪行为，采取正犯的处理模式渐成主流，而按照共犯模式处理，则只适用于特殊情况（如《刑法修正案（九）》生效之前的个别行为、按照从一重罪处罚原则而选择适用共犯的罪名等）。

作为正犯形态处罚的一般链接行为存在两种情况，一种是在《刑法修正案（九）》生效之前，司法解释规定对于特殊情形的一般链接行为，按照相应犯罪的正犯处理（司法解释上的共犯行为正犯化）；另一种是《刑法修正案（九）》生效之后，刑法立法上确立了将链接行为作为正犯处理的立法例，因而对于链接行为可以作为帮助信息网络犯罪活动罪或者拒不履行信息网络安全管理义务罪定罪处罚（立法上的共犯行为正犯化）。

第四章是深度链接行为的刑法规制。一般链接行为构成侵权或者违法犯罪，以被链接对象自身存在违法犯罪行为为前提；而深度链接行为构成侵权或者违法犯罪，则不以被链接对象自身存在违法犯罪行为为前提。即使被链接对象内容完全合法，提供深度链接者也可能构成违法犯罪行为。鉴于在被链接对象存在违法犯罪电子信息的情况下，深度链接与一般链接行为都可以构成犯罪、深度链接在构成犯罪问题上并无特殊之处，而在被链接对象是合法电子信息时则深度链接可能构成犯罪、一般链接行为不构成犯罪，因此，研究深度链接的刑法规制问题，重点就在于研究被链接对象是合法电子信息（主要是享有版权的作品）的情况下，提供深度链接行为是否构成侵犯著作权犯罪的问题。

深度链接架空了著作权人对作品的传播控制，危害著作权人的合法权益，深度链接带给公众的利益较为有限且并非必不可少，因此规制深度链接具有正当性和必要性。

深度链接行为到底是对信息网络传播权的直接侵权行为还是间接侵权行为，始终存在巨大争议。争议的根源在于信息网络传播权侵权的判断标准不同。如果按照“用户感知标准”，则深度链接行为就是对信息网络传播权的直接侵权行为，可以构成侵犯著作权犯罪的正犯行为；如果是按照“服务器标准”，则深度链接行为只能是间接侵权行为，其是否构成侵犯著作权犯罪仍需要借助共犯理论来解决。本书赞同“服务器标准”，认定网络环境中对信息网络传播权直接侵权的法律标准应当是“服务器标准”，即只有将作品上传至向公众开放的服务器的行为才是受信息网络传播权控制的“信息网络传播行为”，也才有可能构成对信息网络传播权的直接侵权。按照“服务器标准”，应认为深度链接行为仍然属于间接侵权行为，是侵犯著作权犯罪的共犯行为，而不是正犯行为。对于追究其刑事责任，与一般链接行为一样，仍然面临片面共犯、共犯行为正犯化问题等理论争议。

在深度链接行为中，危害性最大的是侵犯著作权行为，理论界研究最多的也是深度链接行为是否构成侵犯著作权犯罪的问题。然而，构成侵犯著作权犯罪，刑法要求具备营利的目的，而设链方通常并不具有营利的目的或者采用变相的营利目的，从而给司法适用造成巨大的困难。本书主张，“以营利为目的”既包括直接营利目的，也包括间接营利目的，还包括直接营利目的与间接营利目的混合形态；在“以营利为目的”的完善方向上，采取“加重量刑情节论”，既可以加大著作权刑法保护的力度，又可以满足罪责刑相适应原则的基本要求，因而是最佳选择。

第五章是网络视频链接刑法规制中的其他问题。在网络深度链接行为中，危害性最大的是侵犯著作权行为，其中又以侵犯网络视频著作权的危害性为甚。

在侵犯网络视频著作权案件中的“集（个、份等）”与司法解释性文件中的“件（部）”关系问题上，侵犯网络视频著作权案件的量词单位“集（个、份等）”可以用司法解释性文件中的“件（部）”来换算。在具体计算时，应以自然的个数计算，不宜强制划分出一个具体的视频大小的标准，只要每个视频文件能够独立打开并具有声音、图像等视频要素，就应当认定为一个视频文件。

在网络点击量的计算问题上，将电子信息的点击数作为定罪量刑的依据，大体上是合理的。电子信息的内容请求数与实际被点击数并不完全相同，司法解释确定的点击数应为实际被点击数。在认定淫秽电子信息和版权信息的实际被点击数时，应将虚增的、不正常的数量从点击总数中扣除；应计算真实有效的链接，对于无效的网络链接所产生的点击数不应当计算在内。

本书最后摘录网络链接犯罪方面比较有代表性的一篇刑事判决书，该案件涵盖了通过链接侵犯著作权犯罪中的诸多疑难、争议问题，判决书对各种争议问题都进行了有力回应，说理比较透彻、全面。尽管本书并不完全认同判决书中的观点，但将其收录本书，有助于学界进一步研究、参考。

目　录

第一章　网络链接犯罪概述

网络链接的含义、网络链接的分类、违法网络链接行为的侵权性质（民法上的直接侵权还是间接侵权，刑法上的正犯行为还是共犯行为）等问题是研究网络链接行为法律责任的基础。但是，学术界对上述基础问题还没有引起足够重视，理论研究很少涉及该领域，为数甚少的研究成果也没有达成一致意见，因而需要深入研究。

第一节　网络链接的含义与分类

当前，虽然网络链接是一个广为使用的技术术语与日常用语，但是欲使用概括的语言给其下定义以准确揭示其内涵，目前似乎还很困难。一方面，网络链接技术发展极为迅速，对于网络链接所下的定义有可能很快就落后于技术进步；另一方面，基于网络链接技术变化迅速之特性，法律界对网络链接的定义还难以形成共识。为避免定义落后于技术的发展，本书将不再试图给网络链接下定义，而是致力于使用描述性、开放性的语言，并尽可能保持中立的态度，对网络链接的含义及其分类进行较为全面的分析。

一、网络链接的含义

从不同角度可以分别对网络链接的含义加以描述。

（一）技术原理描述视角下网络链接的含义

从技术上来说，对网络链接可以进行以下较为浅显易懂的描述：信息资源在电脑、手机、iPad 等电子设备上的物理存在形式即文件（或称文档）。如果该电子设备接入互联网并对外提供访问服务，该设备就可以称为服务器，他人可以通过互联网获得这些文件，从而获取信息资源（文件或者文档）。如何获得指定服务器上指定的文件？这就要用到 URL（Uniform Resource Locator，统一资源定位符），对互联网服务器上的目标文件进行定位。动词意义上的网络链接就是通过在网页上使用 URL 来对互联网上的文件进行定位的行为。名词意义上的网络链接就是指网页上用来描述特定 URL 的可见标记。①

关于网络链接的技术特征，也有学者这样表述：所谓网络链接，又称超文本链接或者超链接，即通过运用超文本标记语言，编辑包括标记指令的文本文件，通过统一资源定位符（URL）指向其他内容，点击一个网站的关键词或者图片等标志信息（URL）可以访问其他网站，使两个网页之间或者是同一网页的不同部分建立起联系，使网络访问者可以通过一个网址访问不同网址的文件或者通过一个特定的栏目访问同一站点上

① 参见陈家胜：《信息网络传播权与链接的关系》，载《电子知识产权》2010 年第 2 期。

的其他栏目等。①

（二）日常用语描述视角下网络链接的含义

日常用语描述视角下网络链接的含义，通常省却了网络链接的技术特征，而是使用较为浅显的日常语言来直接描述网络链接的行为特征。例如，百度百科这样解释：网络链接，是指从一个网页指向一个目标的连接关系，所指向的目标可以是另一个网页，也可以是相同网页上的不同位置，还可以是图片、电子邮件地址、文件甚至是应用程序。浏览者单击已经链接的文字或图片后，网络链接目标将显示在浏览器上，并且根据目标的类型来打开或运行。②

在本书看来，抛开网络链接的复杂技术原理不谈，就日常生活中网络链接的多重含义进行提炼，可以将网络链接的内涵界定为不同文件（电子信息资源）的连接桥梁。网络链接可以称为一道桥梁（或者通道）。借助于这道桥梁，网络用户可以得到任何想得到的存储于网络的电子信息资源，除非该电子信息资源所有方禁止网络链接并设置有禁止网络链接的技术。

网络链接与转载不同。作为作品的不同使用方式，网络链接与转载除在形式上作品标题均可显示在被链接（转载）网站网页上外，两者之间的区别还是很明显的。有学者总结了两者之间的多种区别：（1）表现形式上的区别，如在来源与署名问

---

① 参见张乃根、符望：《全球电子商务的知识产权法》，上海交通大学出版社 2004 年版，第 185 页。

② 参见百度百科：http://zhidao.baidu.com/link？url=qlFOYaOklYtPoMY-bug3Q dj1DV5n1MfCTKkbsvD8n1EVka3tAadKqRqM5Qk _ iMdP2eBgK _ ZqShegkYnH1NF0j0HuIxuYWcsO2f1x_Z4xVQO，2019 年 7 月访问。

题上存在区别。依照著作权法等关于法定许可的转载规定，网络转载必须正确署名并注明出处，网络链接服务则没有该强制性形式规定与要求。因此，是否需要准确标明来源与署名，是转载与网络链接服务在表现形式上的根本区别。（2）使用作品方式的性质不同。网络链接作为作品的使用方式主要是为作品提供索引服务，是为实现作品在更大程度上的“共享”服务的，即通过标题索引，将读者引导到提供内容服务的网络服务提供者，为作品的共享和传播服务，从而提高作品传播的速度并扩大传播范围。因此，网络链接是作品使用的间接方式。转载则不同，转载是将其他网站的作品复制、移植到自身的网站上，读者可以直接在该转载网站获得作品，这是作品的直接使用方式。与前述使用方式的不同相联系，网络链接服务是网络技术服务，网络转载是直接的内容服务。① 本书认为，这种区分大体上是成立的。该论者进一步指出，在是否跳转问题上，在网络链接服务中，点击作品标题后，作品内容显示在被链网站网页上，在形式上表现为从设链网站“跳转”到被链网站；在网络转载服务中，点击标题后，作品内容显示在转载网站网页上，并没有发生“跳转”。因此，点击作品标题后是否从设链（转载）网站“跳转”到被链（被转载）网站，是网络链接与网络转载的根本区别之一。② 本书认为，这种看法未必妥当，该观点忽略了网络链接既存在一般链接，又存在深度链接的技术分类，

① 参见詹启智：《“避风港”保护的网络链接服务具有公开性——兼论与网络转载的联系与区别》，载《出版发行研究》2011 年第 11 期。

② 参见詹启智：《“避风港”保护的网络链接服务具有公开性——兼论与网络转载的联系与区别》，载《出版发行研究》2011 年第 11 期。

而一般链接与深度链接的关键区分之一就是是否发生“跳转”，在深度链接中，“跳转”在形式上并不存在。如果按照该论者的观点，就难以区分深度链接与转载。在本书看来，网络链接与网络转载关键的区分在于，无论是一般链接还是深度链接，被链作品始终存在于被链网站，设链网站服务器上并不存储被链作品；而在网络转载中，被转载的作品则存储在转载网站的服务器中。也就是说，被转载（链接）的作品是否存在于网络转载（链接）方的服务器上是两者的根本区别。

当然，在信息网络社会，欲获得想要的网络技术信息，仅仅有桥梁（网络链接）是不够的。面对信息社会数以亿计的信息资源，哪一座桥梁走过去能够发现自己想要的信息资源宝藏，哪一座桥梁走过去什么也没有，这往往要依靠搜索引擎的巨大功能。可以说，搜索引擎是网络链接技术发展的助推器。两者是技术发展的孪生兄弟，互相帮助，共同构建了网络社会四通八达的高速网络。当然，网络技术发展也是一把“双刃剑”，网络搜索、链接行为的高速发展也带来了巨大的侵权和违法犯罪的隐患。

二、网络链接的分类

对网络链接可从不同角度进行分类，有些分类仅具有技术含义，与本书的研究目的没有直接关系，因而本书只讨论对分析其法律属性具有意义的分类。

（一）页内链接、系统内链接与系统间链接

根据网络链接对象与网络链接所在网页的位置关系，可将网络链接分为页内链接、系统内链接和系统间链接。页内链接，

即链接同一网页文件的不同部分，使用户在阅读文章时可以方便地跳转到文章的其他部分。系统内链接，即链接同一服务器上的不同文件，如从网站的一个栏目链接到另一个栏目。系统间链接，即链接不同服务器上的文件。①

在前两种网络链接方式中，设链方与被链方均在同一个服务器上，设链网站②服务器上通常存储了被链接文件，因此，如果该文件承载了受著作权（包括邻接权，下文同）保护的作品，此网络链接行为是否属于信息网络传播权的控制范围是很明确的，即如果未经权利人允许，将享有著作权的作品或者制品存储在服务器上，无论是否再行链接，均直接构成了对著作权权利人的侵权行为；③ 如果该文件本身存在其他违法犯罪信息（如涉黄信息、危害国家安全的信息等），对此进行链接，会直接构成相应违法犯罪的正犯行为，对此并无争议。④ 争议主要产生在"系统间链接"中，设链网站的服务器上并没有存储被链接的文件，在认定设链者行为是相关违法犯罪的正犯行为还是共犯行为上常常引发争议。鉴于理论上所争论的网络链接都属系统间

① 参见陈家胜:《信息网络传播权与链接的关系》，载《电子知识产权》2010 年第 2 期；马剑峰:《超文本链接可能引发的反不正当竞争法律问题初探》，载《知识产权》2006 年第 3 期。

② 链接行为中通常涉及设链服务提供者、被链者、被链作品权利人以及网络用户这四方面的参与者。提供链接服务的"设链网站"，在本书中简称设链者或者设链方。

③ 参见陈家胜:《信息网络传播权与链接的关系》，载《电子知识产权》2010 年第 2 期。

④ 如果是存储了大量的淫秽电子信息，自然构成传播淫秽物品犯罪；如果存储了大量的其他类型的违法犯罪信息，也会构成相应的违法犯罪的正犯，而不再需要探讨究竟是不是帮助犯、教唆犯等复杂问题。

链接，如无特别说明，本书所探讨的网络链接理论争议也均围绕系统间网络链接所产生的争议而展开。

（二）浅层链接（一般链接）和深度链接（深层链接）

在系统间（不同服务器间）的链接中，根据网络链接对象的不同，可以进一步细分为浅层链接和深度链接。浅层链接（hyperlinking）的对象通常是被链网站的首页。点击浅层链接后，用户清楚地知道其已经从一个网站跳转到另一个网站的首页上。绕过主页，链接到分页或具体的非网页文件，则为深度链接。例如，链接某部电影，点击以后则直接出现的是该部电影，并不显示该部电影所在的真正网站或者显示的是虚假的网站（通常是设链者的网站）。一般情况下，每个网站的服务器上都有多个网页文件以及非网页文件，其中一个网页文件被设置为主页，该网页上一般带有醒目的网站标识，且通常不显示具体内容而是作为访问其他网页文件（分页）的入口。[①] 浅层链接的目标都是网页文件，没有必要再行细分；而深度链接则可细分为一般的深度链接与加框链接（或者其他类似的分类），这样细分的意义在后文中将会提到。

深度链接（在业内也称为跳转）在技术层面上能够通过两种方式运作：一是“通过设置链接，使得互联网在线公众（网络用户）获得作品的位置是在被链网站的深层网页”；[②] 二是“运用对第三方网站储存内容设置链接的科技手段，具体而言，

---

① 参见陈家胜：《信息网络传播权与链接的关系》，载《电子知识产权》2010 年第 2 期。

② 刘勇：《链接中侵权行为的界定以及法律适用》，载《电子知识产权》2005 年第 2 期。

互联网在线公众在点击链接后，可以不用脱离设链网站，径行在设链网站上获取该作品资源，或者在设链网站上径行打开被链网站的资源以满足使用需求”。[①] 基于深度链接的这两种链接方式，我国学者阎二鹏教授提出，在法规范的视域下，深度链接可以进一步划分成两大类型：一是外链型深度链接；二是加框链接型深度链接。前者是指设链方通过设置链接标志，当网络的访问者点击链接标志时，可跳转至被链方的次级网页，获取相关作品内容；后者则是指设链方对被链网站的作品使用加框链接技术，使用户在设链网站上便可获取作品内容。[②]

深度链接的高级形式是加框链接（也有人称之为埋层链接、加框链接型深度链接），设链者运用加框技术将被链网站上的作品镶嵌入设链者的首页，使网络用户在设链网站上就能直接看到所链接的作品内容，无须跳转到被链网站上，容易造成网络用户误以为作品内容系设链网站提供的。在美国判例法中，深度链接又被称为“嵌入式链接”（inline linking），往往与加框（framing）技术共同使用。也可以说，美国案例法中所讲的深度链接通常就是加框链接。滚石国际公司诉莫顿（Hard RockCafé Int'1 Inc. v. Morton）案首次详细阐述了深度链接的技术特征：其一，（一般）链接是在两个独立内容源的网站之间提供技术性链接，而嵌入式链接则连接远非两个独立内容源的技术性链接。其二，通过嵌入式链接和加框技术，两个网站的内容被合并在

① 王迁：《网络环境中版权直接侵权的认定》，载《东方法学》2009年第2期。

② 阎二鹏、梅腾：《行为共同说视角下深度链接入罪化探究》，载《江海学刊》2015年第4期。在本书看来，这种划分与将深度链接划分为一般的深度链接与加框链接型深度链接并没有本质区别。

同一个视觉图像中。其三，点击链接时，域名仍然显示提供链接网站的域名，用户不能判断是否还停留在提供链接的网站中。此后凯利诉艾利芭软件公司（Kelly v. Arriba Soft Corp）案中第九巡回上诉法院对深度链接的技术特性做了进一步阐述：深度链接允许行为人从来源网站引入图像，并将其并入自己的网站，从而制造出被链接图像构成后一网页部分的表象。深度链接使用户浏览器不离开设链网站，从来源网站检索被链接图像，并在用户屏幕上展示。通过这种方式，设链者将被链接图像并入自己的网页内容。因此，即使被告的原图（full size image）直接来源于被链网站，并未在被告的服务器上存储，用户也无法清楚地知道照片实际存在于另一网站上。①

我国司法机关对于深度链接的看法与美国没有本质差别，人民法院往往将深度链接的特性归纳为：其一，深度链接一般采取嵌入式加框技术，直接抓取被链网站主页以下的深层网页或信息数据库中的内容，实际使用被链网站的内容，包括部分侵权内容。其二，从网络用户的主观感受看，所有的操作都是在设链者的网站页面上完成的，尽管在被链接内容的网页上会显示第三方网站的信息，但网络用户一般不能明确知道网络链接引入了第三方网站。② 事实上，在一部分深度链接中，被链接内容的网页上甚至并不显示被链网站的任何信息。

在互联网发展初期，也有论者使用正常链（normal links）

---

① 参见付国华、雷艳珍：《深度链接提供者版权侵权认定》，载《湖北经济学院学报》2012 年第 2 期。

② 参见付国华、雷艳珍：《深度链接提供者版权侵权认定》，载《湖北经济学院学报》2012 年第 2 期。

和埋置链（embedding links）术语，前者是指用户可以看见这种链接的存在以及这种链接所导引的文件的转换；后者是指以用户看不见的方式，在网页初次下载时就导引用户浏览器去链接对象服务器获取所链接信息。[①] 从该论者对正常链和埋置链术语含义的介绍来看，正常链大体上相当于一般链接，而埋置链大体上相当于深度链接。

（三）外链与内链

根据网络链接的行为方式，可将网络链接分为外链与内链。网络外链就是在网页中设置用文字或符号表示的链接标志（又称为锚），当网络用户点击该标志后，浏览器的内容从当前网页（设链网页）转换到另一个网页（被链网页）。链接标志通常采用特殊的设置符号以便于网络用户识别，如带有下划线、加粗、加黑、特殊颜色字体等。链接的操作过程是，浏览器程序根据被点击链接标志对应的 URL 去获得链接对象。如果链接对象是网页，点击后直接在浏览器中打开，浏览器的地址栏都会显示链接对象的 URL，浏览器的窗口中完整地显示链接对象，且只显示链接对象；如果链接对象是非网页文件，浏览器一般不能直接打开，而是弹出下载对话框提示用户下载，下载对话框中显示链接对象的 URL。[②] 外链给网络用户的感受就是点击链接标志→浏览器跳转（新网页打开、地址栏变化）→欣赏新网页或

---

① 参见焦文铭：《超链接侵权的法律规制》，载《南京大学学报》2001 年第 5 期。

② 文本文件、一般格式的图片文件也可以由浏览器直接打开；其他文件也有可能在浏览器窗口中直接打开，但还是隐性地调用了其他程序。

下载文件。[①]

在网络内链中，设链网站不使用链接标志，而是通过使用URL使得链接对象在本网页中直接可用。对于网页、图像等内容可视的文件，将使其部分或全部内容显示在本网页中，对于MP3等内容可听的文件，将使其在用户浏览本网页时能被播放。网络用户看不到网络链接标志，浏览器的地址栏里显示的始终是设链网站的网址。链接对象的下载是在网络用户访问网页时由浏览器自动完成的，自然就没有打开新网页的过程，浏览器也就没有跳转的表现。网络用户没有类似外链中点击→跳转→欣赏或下载的感受，只有直接欣赏的体验，其会将链接对象的内容视为当前网页的自然组成部分。视框链接技术就是一种实现内链的方法。打个形象的比喻，外链的设链网站只是将公众导引到他人店铺，而内链的设链网站则是在自己的店铺里面对他人店铺开了一扇窗，使得公众可以直接在自己的店铺中得到他人店铺里的货物。[②]

在本书看来，上述内链与外链的分类似乎仍然没有跳出浅层链接与深度链接分类的框架。按照上述内链与外链的含义，网络内链大体上相当于深度链接，而网络外链大体上相当于浅层链接，只不过网络内链与网络外链的分类在内容解读上更为详细、具体。

需要注意的是，百度词条中也有外部链接与内部链接的术

---

① 参见陈家胜：《信息网络传播权与链接的关系》，载《电子知识产权》2010年第2期。

② 陈家胜：《信息网络传播权与链接的关系》，载《电子知识产权》2010年第2期。

语，字面上与此处的外链、内链近似，但含义完全不同。百度词条中的外部链接又被称为“反向链接”或“导入链接”，是指通过其他网站链接到设链方网站的链接，通常是针对搜索引擎与其他站点所做的友情链接。设置外部链接有助于快速提升设链方的网站知名度和排名，也可以带来不错的流量。① 与外部链接相反，内部链接是指同一网站域名下的内容页面之间的互相链接。例如，频道、栏目、终极内容页之间的链接，乃至站内关键词之间的 Tag 链接都可以归类为内部链接，因此内部链接也可以称为站内链接。②

（四）普通链接、一般的深度链接与加框链接型深度链接

有学者提出，根据网络链接所实现的功能不同或者以内在实质为标准进行区分，可以把网络链接具体归类为普通链接、一般的深度链接与加框链接型深度链接三种类型。③

普通链接，即在网络中呈现的能够点击、会跳转的链接，是指在页面上以域名、URL 地址、文字或图像的形式呈现，用户点击其标志后，浏览器可以摆脱设链网站，跳转至被链网站，被链网站的地址呈现于浏览器的地址栏中，用户直接在被链网站页面下浏览或者储存作品。典型的普通链接，即通常被设为浏览器首页的网址大全，如 www.hao123.com 首页。

---

① 参见外部链接词条，https://baike.so.com/doc/1176639-1244601.html。

② 参见内部链接词条，https://baike.so.com/doc/6720962-6935013.html。

③ 张巍：《涉网络犯罪相关行为刑法规制研究》，法律出版社 2015 年版，第 155 页。

一般的深度链接（纵深链接），是指设链网站创建该链接后，互联网在线公众（网络用户）便能够点击该链接，脱离被链网站的首页，径行跳转至具体内容。[①] 由此可见，比较一般的深度链接与普通链接，可以发现两者都是借助于点击链接标识，网络浏览器自动跳转，接着将互联网在线公众从设链网站导引到被链网站。

加框链接型深度链接（加框链接），是指借助网站的分页地址设立链接，被链接的网站是被链网站埋置在设链网站中，网络用户点击链接图标或者在搜索栏内输入搜索词后，在未脱离设链网站页面、地址栏未跳转至被链网站的情况下，网络用户在设链网站页面下即可获得相应内容，尽管该内容并非存储于设链网站，而是存储于被链网站，这种链接并不指向被链网站首页而是直接跨过了被链网站首页，并在设链网页上直接呈现被链网站的作品内容。当然目前也存在设链网站上清楚显示被链接内容来源网站信息的深度链接技术，如在视频播放页面明确提示视频资源的来源网站信息。以视频网站为例，其主要涉及加框链接的播放模式为，设链网站通过 P2P 软件采集、截取被链网站的视频流在设链视频网站的视频播放器内直接播放，供网络用户点击在线播放或者下载，点播作品时，用户必须下载特定的软件，否则就无法观看影片。[②] 也有论者提出，设置加框链接的行为，并非只是单纯地设置链接，而是实施了“设置

---

① 罗泳诗：《论网络链接的著作权侵权判定标准——以加框链接和下载链接为视角》，华南理工大学 2015 年硕士学位论文，第 10 页。

② 赖江林：《视频网站加框链接侵害著作权的刑法规制研究》，华南理工大学法学院 2016 年硕士学位论文，第 7 页。

链接”和“加框”两个行为。“加框”只是一个形象的说法，实际上是对目标页面进行了技术干预，如修改页面参数，修改UI界面，等等。根据干预目的的不同，设链者干预的程度也不一样，有的是在目标页面外面整体设置一个框，将整个目标页面全部嵌入自己的网页，有的是只嵌套目标页面上的某一内容。比较典型的是网络视频行业的加框链接，设链网站往往只链接被链网站的目标页面上的视频播放器，同时在自己的页面上设置一个窗口，使该视频播放器正好“嵌”在窗口上进行播放。视频行业将此称为“嵌套”。这也是聚合视频上常见的播放方式。①

此外，还有论者使用了“不跳转深度链接”这一术语②，但未界定其含义。从其文章论述的情况来看，“不跳转深度链接”应该属于“深度链接”。其使用的“不跳转”的表述实际上是“深度链接”的基本特征。

（五）恶意链接与善意链接

恶意链接与善意链接不是技术上的术语，而是学者们为了研究方便而创造使用的一对术语。该种分类最早见于于志刚教授的学术论文。③ 但是，最早使用该术语的于志刚教授并未对其含义进行解释。从其论文中大体上可以看出，所谓的善意链接

---

① 吕长军：《简析深度链接、加框链接与盗链——以信息网络传播权为视角》，载《中国版权》2016年第2期。

② 陆凤玉、刘乐：《“不跳转深度链接”侵权的判定标准》，载《上海法治报》2016年5月18日B6版。

③ 于志刚：《搜索引擎恶意链接行为的刑法评价》，载《人民检察》2009年第12期。

是指不知道被链接的网站存在违法犯罪问题而提供的链接，或者在知道被链网站存在违法犯罪问题之后予以断开链接的链接。在此意义上，所谓的善意链接与恶意链接，其含义大体上等同于合法链接与非法链接。

此外，按照被链接文件种类的不同，网页中的网络链接还可以分为文本超链接、图像超链接、E-mail 链接、锚点链接、多媒体文件链接与空链接等。

至于媒体报道或者学术期刊中经常使用的“盗链”① 术语，从技术上分析，其也是深度链接的一种形式。“盗链”一词反映的可能只是版权人或者被链网站对设链服务提供者的不满情绪和负面评价，性质上应属于恶意链接。

实践中还存在一些其他的分类②，此处不一一列举。需要指出的是，有的分类标准不明确，致使所分类别显得混乱；有的

① 例如，搜狐视频法务部吕长军认为，盗链是指以抓取他人视频地址、占用他人带宽、版权内容等硬、软件资源，在其设定的视频客户端上播放他人网站中的视频文件的链接技术。参见吕长军：《视频客户端盗链的侵权模式及法律责任分析》，载《电子知识产权》2014 年第 5 期。

② 例如，还有论者提出下载链接这一术语，该术语是指设置此种链接时，用户点击设链网页上的链接标志，可以在不进入被链网站、不点击被链作品所在网页的情况下，将被链作品的数字格式储存到用户本地磁盘（称之为下载）。该论者所说的下载链接实际上也是深度链接的一种。参见石必胜：《论链接不替代原则——以下载链接的经济分析为进路》，载《科技与法律》2008 年第 5 期。如果设链网站并非在全网进行搜索，而是仅就一个或少数几个网站进行内容搜索的话，则此种链接多被称为“定向链接”。

分类虽然用词不同，但本质上并无差别。[①] 前者如有不少研究者将链接分为普通链接、深度链接、埋置链接和视框链接。这样笼统的分类是不严谨的。这里的普通链接指外链中的浅层链接，而视框链接本来就是埋置链接的一种，埋置链接和视框链接都是深度链接的高级形式，分类的混乱直接导致了人们对网络链接行为认识的不一致，进而影响网络链接行为法律属性的认定。[②] 后者如网络链接的三分类法（普通链接、一般的深度链接与加框链接型深度链接）与二分类法（浅层链接和深度链接）并不存在本质上的区别，三分类法中的普通链接对应二分类法中的浅层连接，而三分类法中的一般的深度链接与加框链接型深度链接则对应二分类法中的深度链接。内链与外链的分类似乎与上述分类标准存在不同，但大体上也可以分别归类于上述不同的种类。在本书看来，无论是分为两类还是三类，真正在法律上具有意义的是要将上述不同类别的网络链接行为分别划入民法上的直接侵权行为还是间接侵权行为，或者划入刑法上的正犯行为还是共犯行为，进而研究其承担民事侵权或者刑事犯罪责任的理论基础。鉴于一般链接与深度链接是最为常见的分类，已经约定俗成，而且对于甄别民法上的直接侵权行为与间接侵权行为或者刑法上的正犯行为与共犯行为具有代表性意义，因而本书以这一对术语为基础开展研究。

---

① 谭九生：《网络链接行为中的著作权问题探析》，载《理论与探索》2006 年第 2 期；茆艺宗：《浅论超文本链接相关的版权侵权与保护》，载《安徽广播电视大学学报》2005 年第 1 期。

② 参见陈家胜：《信息网络传播权与链接的关系》，载《电子知识产权》2010 年第 2 期。

无论是一般链接还是深度链接，链接技术都是实现不同内容之间互相联通的手段，其相当于在不同内容（网络电子信息）之间架起的一座桥梁，被链接内容均存储于第三方网站的服务器上，链接提供者并不在自己的服务器上存储链接内容。这一特点是链接最本质的技术特点。① 例如，如果网络用户想要在A网站看到B网站的内容，除了重新搜索B网站的网站地址之外（该方法有翻山越岭之嫌，比较麻烦），最有效、快捷的途径是直接点击A网站上的B网站的链接（当然前提是在A网站上设置了B网站的链接），显然链接就相当于在A、B网站之间搭起了一座桥梁；搜索引擎巨头如百度、谷歌等的出现，使得链接变得更为普遍和容易，当然在网络链接侵权的情况下也加剧了网络链接行为侵权范围的广度和深度。

第二节　网络链接行为性质的研究进路

网络链接行为的性质是研究网络链接问题不可回避的一个基础性理论问题。然而，这也是一个争议颇大的问题。在民法学界（知识产权法学界）②，主要是围绕网络链接行为是直接侵权行为还是间接侵权行为而展开。在刑法学界，通常以直接侵

① 参见付国华、雷艳珍：《深度链接提供者版权侵权认定》，载《湖北经济学院学报》2012年第2期。

② 民法学界主要是以侵权行为法为法律依据，展开网络侵权行为的性质的讨论。知识产权法学界（其中又主要是著作权法学界）主要围绕网络链接与信息网络传播权的关系而展开讨论。鉴于知识产权法学界也属于广义上民法学界的一部分，本书统称为民法学界，以便与下文的刑法学界相对称。

权和间接侵权理论为参照，讨论网络链接行为是实行行为（正犯行为）还是帮助行为（共犯行为）。《刑法修正案（九）》增设拒不履行信息网络安全管理义务罪和帮助信息网络犯罪活动罪两种网络犯罪后，解决了一部分网络侵权行为共犯行为正犯化问题。但是，也带来了一些新问题：其一，有部分犯罪，如传播淫秽物品牟利罪等传播、煽动类犯罪，对其犯罪信息进行网络链接本身就可能构成正犯行为（如明知是淫秽色情网站而提供网络链接服务，本身就是传播淫秽物品犯罪的正犯行为），增设新罪后对该类犯罪的刑法适用有何影响？其二，《刑法修正案（九）》增设的新罪法定刑较低，如果按照正犯定罪量刑，有可能轻于之前按照帮助犯（共犯）的量刑，对之如何妥善处理？其三，是否存在《刑法修正案（九）》增设新罪规制之外的值得科处刑罚的行为？即既不是传统的正犯行为，也不是新罪规定的正犯行为，无法适用《刑法修正案（九）》的规定，从而仍需借助传统上的帮助犯的理论框架予以解决的罪名和行为。如果存在，如何解决？其四，一般链接行为和深度链接行为在构成正犯或者共犯行为上有何区别与联系？是否要分开研究？这个问题在《刑法修正案（九）》采纳共犯行为正犯化的立法思路后显得更为复杂。因此，本书有必要先行探讨民法学界与刑法学界在对待网络链接行为侵权或者违法犯罪问题上的不同研究进路问题。

一、民法学界的研究进路

民法学界对于网络链接的研究具有以下特色：其一，就研究的侧重点而言，基于其私法性质，与刑法学界相比，对于传播淫秽物品、煽动分裂国家等公法性质的违法犯罪问题，在民法上没有相对应的侵权行为，因此学界也缺乏研究（行政法学界也没有看到过系统的研究）。因此，民法学界关于网络链接行为的研究，主要集中于民事领域侵犯私人权利的研究，尤其是侵犯知识产权的研究。其二，就侵权行为的性质而言，集中于直接侵权还是间接侵权的研究。一般认为网络链接并非直接侵权行为，而是间接侵权行为，不论是侵犯著作权、商标权，还是名誉权，都是如此。

（一）直接侵权和间接侵权概述

我国知识产权法学界所述的直接侵权和间接侵权的理论直接来自美国有关判例。考虑到该种理论区分已经成为学术惯例，本书也沿用这种说法。

1. 直接侵权行为

顾名思义，直接侵权行为是指行为人直接侵犯知识产权的行为。以侵犯著作权为例，具体是指实施著作权法规定的未经许可复制、发行、网络传播等侵权行为。著作权法中任何专有权利的作用都在于控制特定行为。例如，“发行权”控制的是以转移作品载体所有权的方式向公众提供作品原件或复制件的行为，即控制的是“发行”行为。如果未经许可实施某种受特定专有权利控制的行为（如出售盗版电影光盘就是一种未经电影权利人许可，向公众发行电影作品复制件的“发行”行为），除非这种行为属于著作权法规定的“限制与例外”，则该行为构成对该专有权利的直接侵权。[①] 网络用户和网络服务提供者都可能实施直接侵权行为。前者如网络用户擅自在网络论坛上上传盗

① 王迁：《网络环境中版权直接侵权的认定》，载《东方法学》2009年第2期。

版视频；后者如网站等经营主体未经著作权人同意，直接将大量的网络视频存放在其服务器中（如果是正版资源或者自行拍摄的网络视频，当然是合法行为）以供下载，[①] 或者擅自提供文学作品供人下载牟利的行为。[②] 该类侵权行为是互联网发展初期盗版的主要形式。随着打击力度的不断加大，网络服务提供者实施这种直接侵权行为的已经越来越少，但网络用户实施的直接侵权行为仍然屡禁不止。

在该种模式下，直接侵权行为人本身就成为内容提供者，不管其内容形式如何，其侵犯信息网络传播权是毋庸置疑的，认定为侵犯著作权犯罪较为容易。当然，也存在一定的困难之处，如在著作权法将信息网络传播权与复制权、发行权并列规定的情况下，这种在著作权法上侵犯信息网络传播权的行为能否认为是侵犯了刑法中规定的复制权、发行权；[③] 网络环境下“以营利为目的”如何认定；网络环境下犯罪情节如何把握（例

---

① 例如，“华夏影视网”在未经著作权人许可的情况下，在其服务器内存储4000多份盗版视频，网络用户通过网络汇款等方式缴费成为会员，就可以在线观看或者下载网络视频。

② 2008年10月30日，福建省莆田市涵江区人民法院判决全国首例网络文学侵权案，判定云霄阁网站两位负责人在未经著作权人许可的情况下，擅自复制传播起点中文网拥有版权的1339部网络文学原创作品，构成侵犯著作权罪。云霄阁案是我国第一例对于网络小说盗帖行为以侵犯著作权罪定罪处刑的案件。参见佚名：《全国首例网络文学侵权案宣判，云霄阁网站侵权成立》，载中国记协网，http://news.xinhuanet.com/zgjx/2008-11/01/content_10289725.htm。

③ 当然，即将生效的《刑法修正案（十一）》将侵犯信息网络传播行为作为侵犯著作权罪中与侵犯复制权、侵犯发行权并列的侵权行为之后，该争议问题将不复存在。但是，对于《刑法修正案（十一）》生效之前的行为，该争议仍将存在。

如，视频作品长短不一、大小各异，甚至差别极大，如何计算视频作品的份数等）。上述疑难问题将在后文予以研究。

2. 间接侵权行为

我国著作权法中并没有“间接侵权”这一概念。由于深受美国知识产权法律规则的影响，我国学者和法院将美国法院判例中确立的“帮助侵权”“引诱侵权（教唆侵权）”“代位侵权”等规则介绍到了国内，谓之间接侵权。其基本含义是第三人虽然没有直接侵犯他人著作权，但由于其协助、诱导了第二人的侵权（“帮助侵权”“引诱侵权”），或者由于其与第二人之间存在某种特殊的关系，应该由他承担一定的侵权责任（“代位侵权”）。[①] 间接侵权是相对直接侵权而言的，是学术界对知识产权侵权行为所做的学理分类。在我国网络技术发展的雏形阶段，就曾有学者提出应该用间接侵权理论来解决网络服务提供商的责任认定问题。

在上述各种侵权形态中，个人网络用户实施的侵权行为主要是直接侵权行为，具体表现为将盗版作品上传至网络或者非法下载盗版作品等行为。这种行为方式虽然是网络侵权行为中最为常见的，也可谓网络侵权行为的始作俑者，但是由于个人用户在网络上不易查找、个人行为不一定构成犯罪（因为我国对侵犯著作权犯罪等有刑事门槛要求）、即使构成犯罪但承担责任的能力较低等原因，追究其法律责任以实现社会保护（具体来说，就是保护权利人的利益）的目的很难实现。因此，权利人通常不寻求追究个人网络用户的法律责任。网络服务提供商

---

① 参见李明德、许超：《著作权法》，法律出版社 2003 年版，第 225 页。

以外的单位网络用户（如各公司、企业、国家机关的网站）实施侵犯著作权的情形较为少见，即使存在，也可以与上述个人网络用户一样适用追究刑事法律责任的标准和办法，因而也不是实务中的突出疑难问题。

网络服务提供商既可能实施直接侵权行为，也可能实施间接侵权行为。早期的网络服务提供商多实施直接侵权行为，但随着国家打击力度的加大，现在实施直接侵权行为的较为少见。而且实施直接侵权行为，理论界争议较小，一般直接按照法律的规定处理即可。但是，网络服务提供商实施的间接侵权行为，则是理论界争议最大的问题。在该问题上，尽管应当追究法律责任的意见似乎是一致的，但是在理论基础、判断间接侵权的依据等方面，目前世界各国还没有得出一致意见，而是存在较大争议，因而是本书的研究重点之一。

（二）直接侵权行为与间接侵权行为的判断标准

根据著作权法第 10 条第 1 款第 12 项的规定，“信息网络传播权”是“以有线或者无线方式向公众提供作品，使公众可以在其个人选定的时间和地点获得作品的权利”。著作权法中任何专有权利的作用都在于控制特定行为，受“信息网络传播权”控制的“信息网络传播行为”是“以有线或者无线方式向公众提供作品，使公众可以在其个人选定的时间和地点获得作品的行为”。一般认为，一般链接行为属于对信息网络传播权的间接侵权行为，对此并不存在争议。但是，对于深度链接，即对第三方网站中的作品设置深度链接，是否也属于间接侵权行为呢？理论上产生了巨大争议。争议的根源在于，关于深度链接的侵权判定标准不一，当前至少存在以下三种类型：服务器标准、用户感知标准和链接不替代标准。当前，采用服务器标准是理论界的普遍看法，也是司法实务中的普遍做法。按照服务器标准，则无论是一般链接，还是深度链接，由于服务器存放于第三方网站中，都只能认定为对信息网络传播权的间接侵权行为。但是，也有不少学者坚持认为，应采用用户感知标准或者其他类似的标准。如果采用用户感知标准，则深度链接行为属于直接侵权行为。

（三）民法学界研究进路对刑法学界研究进路的影响

虽然在很多情况下刑法学研究可以独立于民法学研究、不受民法学界观点的制约，但是在网络链接行为的法律性质上，民法学界的研究进路对刑法学界的研究进路却产生了较大影响：其一，从研究时间来看，对于网络链接行为的法律属性，民法学界的研究早于刑法学界，外国（尤其是发达国家）的研究早于我国。由于美国在网络链接行为的学术研究中最先确立了直接侵权和间接侵权的研究思路，因而我国民法学界几乎摒弃了传统的民法上的帮助侵权和教唆侵权的分类，而直接采用了直接侵权与间接侵权的研究思路。我国民法学界的研究早于我国刑法学界的研究，这种思路势必会继续影响我国刑法学界的研究进路。其二，虽然刑法学研究具有相对的独立性，但是就基本规则来看，犯罪行为肯定是侵权行为，而侵权行为也可能会发展为犯罪行为；不构成民事侵权的行为，则不可能构成刑法上的犯罪行为。民法学界在网络链接行为构成侵权行为问题上积累的若干判断规则，毫无疑问对于刑法学界理解、适用刑法上的正犯理论、共犯理论具有相当大的启发作用。仅以深度链接的侵权行为属性而论，如果认为深度链接侵权行为是直接侵权行为，那么对于深度链接含有著作权的作品的行为，可能就会被认定为侵犯著作权罪的实行行为（正犯行为）；如果认为是间接侵权行为，则可能会被认定为侵犯著作权罪的帮助行为或教唆行为（共犯行为）。

二、刑法学界的研究进路

我国刑法学界对于该问题的研究，以《刑法修正案（九）》的实施为标志，可以分为两个阶段。

（一）《刑法修正案（九）》实施前的研究进路

第一个阶段是《刑法修正案（九）》实施前。研究的进路分别是：其一，不作为犯罪的角度。搜索链接服务提供商明知存在侵权行为，仍然不予断开网络链接的行为，或者明知存在大量的违法犯罪信息而不予断开网络链接，可以构成相应犯罪的不作为犯罪。其二，帮助犯的角度。具体来说是片面共犯的角度，即明知对方在侵权，而提供帮助行为，可以构成相应的帮助犯罪。其三，共犯行为正犯化的角度。有学者主张借助该理论，结合有关司法解释的规定，对于提供网络链接行为的人按照有关犯罪的正犯处理。对于上述各种研究思路，应该说共犯行为正犯化的提法近几年颇有市场，并得到了立法机关的积极回应（《刑法修正案（九）》增设相关网络犯罪就是明证），但也存在不少质疑的声音。关于各种理论的适用问题，后文将会详述，此处从略。

（二）《刑法修正案（九）》实施后的研究进路

第二个阶段是《刑法修正案（九）》实施后。由于《刑法修正案（九）》增设了拒不履行信息网络安全管理义务罪和帮助信息网络犯罪活动罪两个罪名，将不作为犯罪理论与共犯行为正犯化理论立法化，可以解决网络链接行为构成犯罪中的大部分疑难问题，因而学术界转而重点研究这两个犯罪的构成要件与具体适用问题。

本书认为，上述刑法研究进路中存在的问题是：其一，不自觉地采用了民法学界的研究思路，但是又将民法学界仅限于民事侵权的研究进路不当地推广到所有网络链接行为构成犯罪的研究进路上，致使研究思路较为狭窄，内容有所遗漏。在《刑法修正案（九）》颁布前，刑法学界虽然没有明确，但还是不自觉地采用了民法学界的研究进路，即认为网络链接行为是信息网络传播权的间接侵权行为，从而试图从帮助犯中寻找处罚依据。不论是理论研究还是立法修改，都是如此。但是，这种研究进路只适用于对侵犯著作权罪的研究，而对于网络链接行为构成其他犯罪的共犯行为还是正犯行为，则缺乏研究。例如，没有研究网络链接行为与传播、煽动类犯罪的关系（网络链接行为能否构成传播淫秽物品罪、煽动实施恐怖活动罪等犯罪的正犯行为）。学术研究的缺失，直接导致在“快播案”出现以后，理论界的应对极为仓促。其二，没有把网络链接服务提供商与其他类型的网络服务提供商的侵权行为性质一并研究。从本质上来看，网络链接服务提供商与其他类型的网络服务提供商（网络分享平台商、搜索链接服务提供商等）都属于网络服务提供商，其构成网络侵权犯罪的原理都是一样的，应该放在一起研究。目前的分开研究状态致使学术成果支离破碎，研究水平也难以有实质性的提高。

综上，本书将在借鉴民法学界研究进路的基础上，将设链者的刑事责任问题置于整个网络服务提供商的刑事责任视野内，结合《刑法修正案（九）》的规定，对其颁布前后网络链接行为可能涉及的所有刑法适用问题展开系统的深入研究。

第三节　网络链接行为可能构成的犯罪类型

我国刑法分则根据保护法益的不同，将所有犯罪划分为十个类别，并分别规定在十章之中。从理论上说，网络链接行为可以分别构成刑法分则中的绝大多数犯罪的正犯行为或者共犯行为。全国人民代表大会常务委员会《关于维护互联网安全的决定》（2000 年 12 月 28 日第九届全国人民代表大会常务委员会第十九次会议通过，以下简称《决定》）列举了涉及网络安全的犯罪种类。本书在《决定》规定的基础上，结合网络链接行为的特点，将网络链接行为可能触犯的犯罪种类概括如下：

一、针对互联网运行安全的网络链接犯罪

主要包括：

（1）侵入国家事务、国防建设、尖端科学技术领域的计算机信息系统；

（2）故意制作、传播计算机病毒等破坏性程序，攻击计算机系统及通信网络，致使计算机系统及通信网络遭受损害；

（3）违反国家规定，擅自中断计算机网络或者通信服务，造成计算机网络或者通信系统不能正常运行。

在上述几类犯罪行为中，除了故意传播计算机病毒等破坏性程序可以由网络链接行为直接构成（网络链接行为可以构成正犯行为）以外，其他类别的行为方式均不能由网络链接行为单独构成，即网络链接行为只能构成相应犯罪的帮助犯或者教

唆犯（共犯行为）。例如，明知第三人实施侵入国家事务、国防建设的计算机信息系统的行为，而故意为其提供网络链接，就属于相应网络犯罪的帮助行为①；明知第三人实施传播计算机病毒等破坏性程序的行为，而故意为其提供网络链接，此处的提供网络链接行为就可以构成相应犯罪的正犯行为。

二、针对国家安全和社会稳定的网络链接犯罪

主要包括：

（1）利用互联网造谣、诽谤或者发表、传播其他有害信息，煽动颠覆国家政权、推翻社会主义制度，或者煽动分裂国家、破坏国家统一；

（2）通过互联网窃取、泄露国家秘密、情报或者军事秘密；

（3）利用互联网煽动民族仇恨、民族歧视，破坏民族团结；

（4）利用互联网组织邪教组织、联络邪教组织成员，破坏国家法律、行政法规实施。

在上述几类犯罪行为中，煽动行为、传播行为均可以由网络链接行为直接构成，即网络链接行为可以构成相关煽动行为、传播行为的实行行为。例如，明知第三人“利用互联网传播其他有害信息，煽动颠覆国家政权、推翻社会主义制度，或者煽动分裂国家、破坏国家统一”“利用互联网煽动民族仇恨、民族歧视，破坏民族团结”而故意为其提供网络链接，此处的提供网络链接行为就可以构成相应犯罪的正犯行为；为其他行为提

① 当然，对于这种属于网络犯罪帮助行为性质的链接行为，由于《刑法修正案（九）》增设了帮助信息网络犯罪活动罪，这种帮助行为性质的犯罪已经被正犯化。下同。

供网络链接的，仍然属于其他行为的共犯行为。

三、针对社会主义市场经济秩序和社会管理秩序的网络链接犯罪

主要包括：

（1）利用互联网销售伪劣产品或者对商品、服务做虚假宣传；

（2）利用互联网损坏他人商业信誉和商品声誉；

（3）利用互联网侵犯他人知识产权；

（4）利用互联网编造并传播影响证券、期货交易或者其他扰乱金融秩序的虚假信息；

（5）在互联网上建立淫秽网站、网页，提供淫秽站点链接服务；或者传播淫秽书刊、影片、音像、图片。

在上述几类犯罪行为中，利用互联网损坏他人商业信誉和商品声誉，利用互联网编造并传播影响证券、期货交易或者其他扰乱金融秩序的虚假信息，传播淫秽书刊、影片、音像、图片等行为均可以由网络链接行为直接构成，即网络链接行为可以构成上述犯罪行为的实行行为。例如，明知第三人“利用互联网编造并传播影响证券、期货交易或者其他扰乱金融秩序的虚假信息”而提供网络链接的，即属于编造并传播证券交易虚假信息罪的实行行为。为其他行为提供网络链接的，仍然属于其他行为的共犯行为。

近年来，我国已经依法追究了一批利用网络链接侵犯著作权犯罪的刑事责任，如周某某等七人经营思路网侵犯著作权案。周某某于 2008 年注册成立北京某科技有限公司，经营思路网站。思路网站下设门户网（网址：www.siluhd.com）、思路论坛

（网址：bbs.siluhd.com），并以 HDstar 论坛（网址：www.hdstar.org）作为思路网站的内站。2009 年至 2013 年，被告人周某某雇用被告人苏某某等人，未经著作权人许可，以会员制方式，将他人享有著作权的大量影视、音乐等作品以种子形式上传至 HDstar 论坛，供 2.6 万余名注册会员下载，在思路网站投放广告，并通过销售网站注册邀请码和 VIP 会员资格营利。被告人寇某某于 2012 年至 2013 年雇用被告人崔某等人，未经著作权人许可，复制他人享有著作权的电影至 4000 余个硬盘中，并通过淘宝网店予以销售。北京市海淀区人民法院一审认为，被告人周某某雇用被告人苏某某以营利为目的，未经著作权人许可，通过信息网络传播他人作品，情节特别严重；被告人寇某某雇用被告人崔某以营利为目的，未经著作权人许可，复制发行他人作品，情节特别严重，上述被告人的行为均已构成侵犯著作权罪，应予惩处。一审法院根据各被告人在共同犯罪中的作用和认罪态度依法予以减轻、从轻处罚或者适用缓刑，分别判处各被告人有期徒刑 1 年至 5 年，并处罚金。北京市第一中级人民法院二审驳回上诉、维持原判。①

四、针对人身、财产安全的网络链接犯罪

主要包括：

（1）利用互联网侮辱他人或者捏造事实诽谤他人；

（2）非法截获、篡改、删除他人电子邮件或者其他数据资料，侵犯公民通信自由和通信秘密；

---

① 北京市第一中级人民法院（2014）一中刑终字第 2516 号刑事裁定书。

（3）利用互联网进行盗窃、诈骗、敲诈勒索。

在上述几类犯罪行为中，网络链接行为均难以独立构成，即难以构成实行行为。如果是明知第三人实施上述行为而提供网络链接，则属于上述行为的共犯行为，在《刑法修正案（九）》生效之前，按照共犯行为的法理予以论处即可。在《刑法修正案（九）》生效之后，根据犯罪竞合的原理，按照帮助信息网络犯罪活动罪或者其他犯罪的共犯进行处理。

五、针对其他法益的网络链接犯罪

根据《决定》规定，实施上述所列行为以外的其他行为，构成犯罪的，依照刑法有关规定追究刑事责任。这也就意味着网络链接行为可能构成犯罪的范围难以穷尽列举。从法理上说，正犯行为具有定型性，网络链接行为可能构成的犯罪的正犯行为是有限的。但是，共犯行为不具有定型性，因而网络链接行为可能构成的犯罪的共犯行为是无限的。因而，从理论上说，即使是在《刑法修正案（九）》生效之前，网络链接行为也可以构成刑法上大多数犯罪的共犯行为。在《刑法修正案（九）》生效之后，网络链接行为可以构成刑法上几乎所有犯罪的正犯或共犯行为，只不过需要研究的是应该按照帮助信息网络犯罪活动罪、拒不履行信息网络安全管理义务罪处理，还是应该按照其他犯罪的共犯进行处理。

第二章　网络链接行为构成犯罪的定罪思路回顾与展望

无论是一般链接还是深度链接，网络链接都是实现不同网络内容互相联通的手段，其相当于在不同网络内容之间架起一座桥梁，被链接内容均存储于第三方网站的服务器上，设链者并不在自己的服务器上存储被链接内容。这一特点是链接最为本质的技术特点。[①] 基于该技术特点，网络链接行为构成的犯罪一般都是相关犯罪的共犯。然而，由于网络的虚拟性与高科技性，网络链接这种共犯的危害性经常超过正犯的危害性却又不好定罪，因而存在被作为正犯处理的内在需要。基于此，我国刑事司法和立法惩治网络链接行为构成犯罪的基本走向是帮助行为正犯化，先后经历了从司法解释承认片面共犯到司法解释规定按照正犯处理，再到立法上独立成罪（共犯行为正犯化）的曲折过程。由于共犯行为正犯化理论存在激烈争议，因而在逐步走向正犯化的同时，仍需要不断借助共犯理论来解决网络链接行为构成犯罪的定罪问题。可以说，对于网络链接行为构成犯罪的定罪思路一直在共犯与正犯之间徘徊。徘徊的原因如何、最终将走向何方、其中的疑难问题如何解决等，均值得

① 参见付国华、雷艳珍：《深度链接提供者版权侵权认定》，载《湖北经济学院学报》2012 年第 2 期。

研究。

第一节 刑事司法和立法惩治网络链接犯罪的基本走向

我国司法解释和刑法立法并未明确规定对网络链接行为构成犯罪的如何处理。但是，网络链接行为是网络犯罪帮助行为的重要类型，而我国司法解释和刑法立法对网络犯罪帮助行为如何处理有明确规定。因此，总结我国惩治网络犯罪帮助行为的司法和立法演进，可以看出惩治网络链接犯罪行为的基本走向，即司法解释开始承认片面共犯—司法解释规定按照正犯处理—立法上独立成罪（规定帮助信息网络犯罪活动罪和拒不履行信息网络安全管理义务罪）。

一、从普通共犯到司法解释中的片面共犯

网络链接犯罪行为从其本源意义上来看是一种网络犯罪的帮助行为。如果设链者与被链者相互勾结，共同实施刑法中规定的犯罪行为，构成相关犯罪的共同犯罪，应当不存在疑问。这种具有双向意思联络的共同犯罪行为在互联网发展初期也是比较突出的网络犯罪帮助行为。但是，随着网络技术的发展和网络法律的实施，具有双向意思联络的网络链接犯罪行为越来越少，而不具有意思联络、仅具有单向意思联络和虽具有意思联络但难以查明的网络链接犯罪行为越来越多。为了避免在认定网络犯罪帮助行为是否构成犯罪问题上存在偏差，司法解释开始突破共同犯罪必须具备双向意思联络的传统理论，尝试将

片面共犯理论引入包括网络链接在内的网络犯罪帮助行为的惩治之中。

在本书看来，这种尝试始于2004年施行的《关于办理利用互联网、移动通讯终端、声讯台制作、复制、出版、贩卖、传播淫秽电子信息刑事案件具体应用法律若干问题的解释》（以下简称《淫秽电子信息解释》），该解释第7条规定："明知他人实施制作、复制、出版、贩卖、传播淫秽电子信息犯罪，为其提供互联网接入、服务器托管、网络存储空间、通讯传输通道、费用结算等帮助的，对直接负责的主管人员和其他直接责任人员，以共同犯罪论处。"之后，大量的司法解释和司法解释性文件开始规定片面共犯，其中具有代表性的有2010年颁布的《关于办理利用互联网、移动通讯终端、声讯台制作、复制、出版、贩卖、传播淫秽电子信息刑事案件具体应用法律若干问题的解释（二）》（以下简称《淫秽电子信息解释（二）》）①，2010年颁布的《关于办理网络赌博犯罪案件适用法律若干问题的意见》（以下简称《网络赌博犯罪意见》）第2条，2011年颁布的《关于办理危害计算机信息系统安全刑事案件应用法律若干问题的解释》（以下简称《计算机信息系统解释》）第9条，最高人民法院、最高人民检察院、公安部2011年颁布的《关于

① 该解释第7条规定："明知是淫秽网站，以牟利为目的，通过投放广告等方式向其直接或者间接提供资金，或者提供费用结算服务，具有下列情形之一的，对直接负责的主管人员和其他直接责任人员，依照刑法第三百六十三条第一款的规定，以制作、复制、出版、贩卖、传播淫秽物品牟利罪的共同犯罪处罚：（一）向十个以上淫秽网站投放广告或者以其他方式提供资金的……（六）造成严重后果的……"

办理侵犯知识产权刑事案件适用法律若干问题的意见》[①] 等。上述司法解释性文件在特定犯罪领域认可网络犯罪帮助行为可以成立片面共犯。网络链接行为虽未被明确列入具体的帮助行为，但是其符合上述解释中的“等帮助”的规定，因而可以构成相关犯罪的片面共犯。

在上述司法解释以及其他规范性文件中，有学者认为片面共犯的司法引入来自《淫秽电子信息解释（二）》，而不是来自《淫秽电子信息解释》。其理由是《淫秽电子信息解释》的做法实际上是一种提示性规定，依然遵循传统共同犯罪的认定规则，要求具有意思联络，并没有创制新的适用规范。[②] 本书不同意这种观点。无论是《淫秽电子信息解释（二）》还是《淫秽电子信息解释》，其对包括网络链接在内的网络犯罪帮助行为都采取了片面共犯的规定模式，这一点从其使用的术语就可以看出来。例如，在《淫秽电子信息解释》中，使用的是“明知他人实施……犯罪，为其提供……帮助的，以共同犯罪论处”；而在《淫秽电子信息解释（二）》中，使用的是“明知是淫秽网站，为其提供……帮助的，以共同犯罪论处”。几乎同样的表述，难以认定一个规定的是普通共犯，一个规定的是片面共犯。

承认包括网络链接行为在内的网络犯罪帮助行为不需要具

---

① 明知他人实施侵犯知识产权犯罪，而为其提供生产、制造侵权产品的主要原材料、辅助材料、半成品、包装材料、机械设备、标签标识、生产技术、配方等帮助，或者提供互联网接入、服务器托管、网络存储空间、通讯传输通道、代收费、费用结算等服务的，以侵犯知识产权犯罪的共犯论处。

② 参见于志刚：《网络空间中犯罪帮助行为的制裁体系与完善思路》，载《中国法学》2016 年第 2 期。

备“双向的意思联络”，仅以单向的“明知”就可以与正犯成立共同犯罪，打破了我国传统刑法理论对片面共犯的排斥态度，表明最高司法机关在面对网络世界犯罪行为意思联络的认定困境时开始有限度地承认片面共犯理论。

二、从司法解释中的片面共犯到司法解释中的正犯

按照片面共犯的解决思路，仅能解决设链者与被链者缺乏意思联络而无法成立共同犯罪的问题，但是，设链者的刑事责任依然要依托被链者的正犯行为而实现，从而无法充分解决网络链接行为“一对多”特性引发的共犯行为整体危害性巨大和作为个体的正犯行为危害性有限的差异问题。① 为了解决这一难题，最高司法机关开始在司法解释中尝试进行共犯行为正犯化的解释。典型代表是《淫秽电子信息解释（二）》，其第3条规定：“利用互联网建立主要用于传播淫秽电子信息的群组，成员达三十人以上或者造成严重后果的，对建立者、管理者和主要传播者，依照刑法第三百六十四条第一款的规定，以传播淫秽物品罪定罪处罚。”第4条规定：“以牟利为目的，网站建立者、直接负责的管理者明知他人制作、复制、出版、贩卖、传播的是淫秽电子信息，允许或者放任他人在自己所有、管理的网站或者网页上发布，具有下列情形之一的，依照刑法第三百六十三条第一款的规定，以传播淫秽物品牟利罪定罪处罚……”第5条、第6条规定与此相似。按照该司法解释的规定，对于相应的建立者、管理者和主要传播者，是按照“传播淫秽物品牟利

① 参见于志刚：《网络空间中犯罪帮助行为的制裁体系与完善思路》，载《中国法学》2016年第2期。

罪定罪处罚”，而不再“对直接负责的主管人员和其他直接责任人员，以共同犯罪论处”。可见，对于相应的网络链接犯罪行为，司法解释开始采取正犯化的处理立场。

三、从司法认定上的正犯到立法上的正犯

司法解释将部分网络犯罪帮助行为解释为正犯，可以使部分帮助行为定罪不再依赖于被帮助者是否构成犯罪，但是正犯化解释一开始就面临是否违反罪刑法定原则的质疑，因而这种解释范围有限，仅限于传播淫秽物品犯罪的两个罪名。对于实践中较为突出的网络链接行为侵犯著作权等常见多发的犯罪，并没有作出正犯化的解释，因而刑罚的惩治仍显得鞭长莫及。解决该问题的根本途径仍是刑法立法，即在立法上将网络链接行为正犯化。《刑法修正案（九）》在刑法第 287 条之二增设了帮助信息网络犯罪活动罪，规定：“明知他人利用信息网络实施犯罪，为其犯罪提供互联网接入、服务器托管、网络存储、通讯传输等技术支持，或者提供广告推广、支付结算等帮助，情节严重的，处三年以下有期徒刑或者拘役，并处或者单处罚金……”包括链接行为在内的所有网络犯罪帮助行为都在该罪的射程之内，因而该罪的设立可以看作立法对于网络犯罪帮助行为的一般性规定。

通常认为，该条确立了共犯行为正犯化的立法规则。例如，胡云腾教授认为：“一方面，网络犯罪通常具有跨地域特点，主犯往往分散在全国各地，甚至境外，抓获主犯十分困难，在主犯不能到案的情况下，对帮助犯追究就会陷入被动。另一方面，传统共犯一般是‘一对一’的关系，而网络共犯通常表现为‘一对多’的关系。由于帮助对象的数量庞大，网络犯罪利益链

条中的帮助行为实际上往往成为获利最大的环节，按照共犯处理，也难以体现其独特危害性。鉴于此，《刑法修正案（九）》第29条创设性地提出了网络帮助行为正犯化的处理规则。”① 但是，本条是否确立了共犯行为正犯化的立法例，也有不同意见。例如，张明楷教授认为，该罪实际上并不是共犯行为正犯化的处理规则，而是帮助犯的量刑规则。因为该帮助行为的成立需要以正犯（帮助信息网络犯罪活动罪的实施主体）实施符合构成要件的不法行为为基础。②

本书不赞同量刑规则的观点，正如刘艳红教授所指出：其一，刑法规定独立的法定刑是以行为独立成罪为前提的，将该立法看作“帮助犯的量刑规则”会淡化刑法分则的罪名设置功能而只突出其刑罚设置功能。其二，会导致共犯理论被虚置，刑法总则关于从犯、帮助犯等的规定都会无法适用，从而使刑法总则设立的犯罪一般原理被刑法分则架空，最终丧失其对刑法分则的指导意义。其三，把刑法中同样将帮助行为单独入罪的立法，如资助恐怖活动罪、帮助信息网络犯罪活动罪等人为地分为帮助犯的绝对正犯化、相对正犯化和量刑规则是一种“强硬”的解释，不符合刑法解释的体系规则、正犯与共犯相区分的基本原理。③

综上，可以看出我国惩治包括网络链接行为在内的网络犯

① 胡云腾：《谈〈刑法修正案（九）〉的理论与实践创新》，载《中国审判》2015年第20期。

② 参见张明楷：《论帮助信息网络犯罪活动罪》，载《政治与法律》2016年第2期。

③ 参见刘艳红：《网络犯罪帮助行为正犯化之批判》，载《法商研究》2016年第3期。

罪帮助行为的基本走向，即从司法解释承认片面共犯到规定按照正犯处理，再到立法上设置独立的一般性罪名，法网呈现逐步收紧、处罚呈现逐渐独立的走向。这种走向显然是与网络犯罪的特点相适应的。

第二节　共犯行为正犯化走向的徘徊不定

我国惩治包括网络链接行为在内的网络犯罪帮助行为的基本走向是正犯化。然而，这种正犯化的走向却非一步到位，而是走两步退一步，其中反映了司法者和立法者在正犯化走向上的犹豫与徘徊。这种犹豫与徘徊具体体现在：

一、片面共犯认定标准提高，部分帮助行为难以按照共犯处理

共同犯罪的刑事责任是“部分行为全部责任”，帮助行为帮助程度的大小强弱一般不能影响是否成立共同犯罪，而只影响量刑。但是，司法解释在规定帮助行为成立片面共犯时，又都同时规定了成立片面共犯的帮助行为的情节必须比成立普通共犯帮助行为的情节更为严重（表现为金额更大或者数量更多等）。例如，《淫秽电子信息解释（二）》第6条规定：“电信业务经营者、互联网信息服务提供者明知是淫秽网站，为其提供互联网接入、服务器托管、网络存储空间、通讯传输通道、代收费等服务，并收取服务费，具有下列情形之一的，对直接负责的主管人员和其他直接责任人员，依照刑法第三百六十三条第一款的规定，以传播淫秽物品牟利罪定罪处罚：（一）为五个以上淫秽网站提供上述服务的；（二）为淫秽网站提供互联网

接入、服务器托管、网络存储空间、通讯传输通道等服务，收取服务费数额在二万元以上的……”但是，根据传播淫秽物品牟利罪的构成要件，构成该罪并无刑事门槛的要求。[①] 即使根据司法解释的规定，该罪成立需要具备一定的刑事门槛，但其门槛相对而言也比按照片面共犯处理的帮助犯成立犯罪的刑事门槛要低很多。[②] 可见，司法解释虽然承认网络犯罪帮助行为可以成立片面共犯，解决了缺乏意思联络或者意思联络不明的帮助行为的处罚难题，加大了惩治力度，但相对于普通的帮助犯来说，却又提高了构成犯罪的标准，致使部分帮助行为难以按照共犯处理，因而可谓有进有退。

二、帮助行为正犯化司法解释适用范围有限，难以全面推广

对于网络犯罪帮助行为按照正犯处理，相对于按照片面共犯处理，能更有效地评价和制裁网络犯罪帮助行为。但是，通过司法解释将帮助行为正犯化，实质上是修改了刑事立法的规定，自然难逃“司法权僭越立法权”的责难。[③] 因此，最高司法

---

① 刑法第 363 条规定，以牟利为目的，制作、复制、出版、贩卖、传播淫秽物品的，处 3 年以下有期徒刑、拘役或者管制，并处罚金……

② 《淫秽电子信息解释》中没有关于为淫秽网站提供链接服务的数量的要求，因而无法比较；但是该解释中有“利用淫秽电子信息收取广告费、会员注册费或者其他费用，违法所得一万元以上”的规定，显然，构成片面共犯所需要的 2 万元标准相对于普通帮助犯 1 万元的标准要高出 1 倍。

③ 参见阎二鹏：《法教义学视角下帮助行为正犯化的省思》，载《社会科学辑刊》2016 年第 4 期。

机关对于帮助行为的正犯化解释是较为慎重的。在当前所有的司法解释中，对于网络犯罪帮助行为按照正犯处理的司法解释仅见于《淫秽电子信息解释（二）》中，之前和之后的司法解释，包括具有相关性的《网络赌博犯罪意见》和《计算机信息系统解释》，都没有继续跟进，而是对于网络犯罪帮助行为继续采取片面共犯的对策；而《淫秽电子信息解释（二）》中的其他条款，仍然是沿袭片面共犯的思路，如“通过投放广告等方式向其直接或者间接提供资金或者提供费用结算服务”的帮助行为仍按照片面共犯思路解决。[①] 显然，帮助行为正犯化司法解释虽然能更有效地评价和制裁网络犯罪帮助行为，但受制于罪刑法定原则，其适用范围有限，难以全面推广。

三、部分帮助行为仍需借助共犯理论处理

由于共犯行为正犯化后的犯罪法定刑较低，部分帮助行为仍需借助共犯理论处理。

“共犯的量刑较之正犯要轻”是学理上的一种普遍认识，当帮助行为的社会危害性与正犯相仿时，为了量刑上的均衡，才将共犯行为拟制为正犯。[②] 以协助组织卖淫罪为例，其之所以被规定为独立犯罪，是因为立法者考虑到其严重的社会危害性，但碍于从犯的“应当从轻、减轻或者免除处罚”的规定，为了

---

① 参见于志刚：《网络空间中犯罪帮助行为的制裁体系与完善思路》，载《中国法学》2016 年第 2 期。

② 曲新久：《中国刑法现代化的基本走向》，载《政法论坛》2007 年第 4 期。

避免将本罪的主体以从犯论而导致刑罚畸轻的结果。[①] 按照这种理解，独立化后的罪名的刑法评价严厉程度至少应当不低于原来依附的实行行为的罪名。

但是，刑法第 287 条之二规定的帮助信息网络犯罪活动罪（本罪）的法定最高刑只有 3 年有期徒刑，而且依据该罪“同时构成其他犯罪的，依照处罚较重的规定定罪处罚”的规定，一些信息网络犯罪的帮助行为按照被帮助犯罪的从犯处罚会重于按照本罪处罚，从而使大量的网络犯罪帮助行为仍然按照帮助犯罪处理，而不再按照正犯化后的本罪处理。例如，明知某人在网上进行买卖枪支或者贩卖毒品的犯罪活动，仍然为其提供链接服务。如果按照本罪定罪处罚，无论被链接对象实际贩卖了多少毒品或者买卖了多少枪支，或者为多少家非法买卖枪支和贩卖毒品的网站提供了链接，最高都只能处 3 年以下有期徒刑；而如果按照相应犯罪的帮助犯处罚，而且非法买卖的枪支数量巨大或者贩卖的毒品情节严重，即使被认定为相关犯罪的帮助犯，处刑也可能远高于按照正犯化处理的帮助信息网络犯罪活动罪的处罚。由于我国刑法中重刑主义较为突出，众多犯罪的法定刑远高于 3 年有期徒刑，即使按照帮助犯处理，很多网络犯罪帮助行为的量刑也会高于正犯化后的量刑，因此本罪的设立虽然开启了刑法上的帮助信息网络犯罪活动罪这种共犯行为正犯化的立法之路，但其被架空的可能性也比较大。

也许有人会说，这些行为按照传统的共同犯罪理论，原本难以定罪处罚，因而本罪的设立具有堵漏的功能。然而，刑法

① 参见郑伟：《就这样动摇了共同犯罪的根基——论组织卖淫罪与协助组织卖淫罪的怪异切分》，载《法学》2009 年第 12 期。

中其他被认为具有帮助行为正犯化性质的犯罪，其法定最高刑远远高于本罪。例如，协助组织卖淫罪，其法定刑分为两档，最重为 10 年有期徒刑；资助恐怖活动罪的法定最高刑则可以达到 15 年。可见，具有堵漏功能并不是采取较低法定刑的充分理由。在本书看来，本罪法定刑设定过低，致使相当一部分正犯化后的犯罪行为还需要借助共犯理论来解决，真实反映了刑法立法者在该问题上踌躇不决的犹豫态度。

第三节　正犯化走向徘徊不定的根本原因

危害巨大、意思联络难以认定而又具有中立帮助性质是正犯化走向徘徊不定的根本原因。

当前，在网络犯罪帮助行为正犯化走向的问题上，理论界形成了较为鲜明的对立观点。肯定者主要侧重于网络犯罪帮助行为巨大的社会危害性和意思联络的难以认定，要求正视网络犯罪帮助行为的正犯化特征，将其规定为正犯。反对者则认为，网络犯罪帮助行为具有明显的中立帮助行为的性质，反对将网络犯罪帮助行为进行正犯化处理。这种分歧反映在立法中，就形成了既要进行正犯化的立法，又要严格限制正犯成立范围的局面。

一、网络犯罪帮助行为的社会危害性巨大

帮助行为的危害性大于实行行为的危害性，这在传统共同犯罪中几乎不可能存在，在网络共同犯罪中却是普遍存在的现实。与传统共同犯罪不同的是，网络帮助行为代替实行行为已

经占据了共同犯罪的中心位置。[①] 以网络链接为例，一方面，网络链接这类网络帮助犯是实行犯的“缔造者”和“培育者”。正是由于快速建站工具软件、超强解码影音播放器、深度定向链接等一系列技术的免费提供与支持，才使得网络世界中成千上万的侵权行为得以实施。另一方面，帮助行为对实行行为的危害性起到了“串连”、“聚合”和“放大”作用。帮助犯通过其搜索链接技术，将成千上万的实行犯串连起来，使得实行犯上传的侵权视频能够快速大面积传播，帮助行为成了实行行为的“放大器”，没有帮助犯，实行行为的危害性将难以大面积蔓延。[②]

二、网络犯罪帮助行为的意思联络难以认定

网络犯罪帮助行为的另一个特征是意思联络的缺失和难以认定。网络空间中充斥着大量的有助于实施犯罪的技术、数据和平台，而利用这些技术支持的实行行为人与提供技术支持的帮助行为人之间并不需要意思联络。即使存在意思联络，由于网络的虚拟性，网络主体经常身处异地，甚至境外，也难以查实意思联络的存在。在这种情况下，按照传统的共同犯罪理论，就难以按照共同犯罪处理。

严重的社会危害性为网络犯罪的帮助行为入罪提供了正当化根据，而网络世界的虚拟性又使得按照传统的共同犯罪理论

---

① 参见于志刚：《网络空间中犯罪帮助行为的制裁体系与完善思路》，载《中国法学》2016 年第 2 期。

② 参见徐松林：《视频搜索网站深度链接行为的刑法规制》，载《知识产权》2014 年第 11 期。

难以进行准确评价，接纳片面共犯理论乃至最终走向正犯化就成为惩治网络犯罪帮助行为的内在需求。

三、网络犯罪帮助行为的中立帮助性质

网络犯罪帮助行为的中立帮助性质，使得正犯化走向受到制约。

中立的帮助行为并没有一个明确的定义，一般来说，是指外表上属于日常生活行为、业务行为等不追求非法目的的行为，客观上对他人（正犯）的犯罪起到促进作用的情形。据此，一般所指的中立的帮助行为具有三个特点，一是外表上属于日常生活行为或者业务行为；二是行为人并不追求非法目的；三是客观上对他人的犯罪起到了帮助作用。[①] 就第一个特点而言，帮助信息网络犯罪活动罪规定的为上网用户提供互联网接入、服务器托管、网络存储等技术支持，本来是互联网时代一种极为平常的技术工作，本身是中立无害的，不带有危害社会的性质。因此，该罪规定的帮助行为具有日常性。[②] 就第二个、第三个特点而言，帮助行为人和实行行为人客观上都可以参与犯罪，但二者的目的和动机完全不同，前者可能是单纯的技术炫耀，而后者的目的一般是直接侵害特定的法益。因此可以做到同时满足第二个和第三个特性（客观上起到了帮助作用，但并不追求非法目的）。

---

① 参见张明楷：《论帮助信息网络犯罪活动罪》，载《政治与法律》2016 年第 2 期。

② 参见车浩：《刑事立法的法教义学反思——基于〈刑法修正案（九）〉的分析》，载《法学》2015 年第 10 期。

可见，网络犯罪帮助行为具有中立帮助行为的性质。然而，对于中立帮助行为是否具有可罚性以及处罚的范围，国内外刑法学界一直存在争论。在国内，刘艳红教授将帮助信息网络犯罪活动罪分为两种类型：（1）明知正犯的犯罪计划或意图且有促进犯罪行为更容易实现的意思（以下简称“明知且促进型”）。（2）虽然明知正犯的犯罪计划或意图但是没有促进该犯罪行为易于实现的意思（以下简称“明知非促进型”）。刘艳红教授认为，根据“犯罪意思联络说”，只有“明知且促进型”才具有可罚性，而“明知非促进型”不具有可罚性。帮助信息网络犯罪活动罪的设定实际上是以立法的形式肯定了“明知非促进型”的中立帮助行为的可罚性，因而应予批判。[①] 张明楷教授则运用娴熟的解释技巧直接否定了“明知非促进型”构成犯罪的可能。[②] 在国外，无论是德国还是日本的刑法学界，都对将中立帮助行为入罪持积极的限制态度。“明知非促进型”在德、日等国的刑法学理论上以及诸多判例中均被认为不应处罚。对帮助行为正犯化持谨慎态度的原因之一，就是理论界对中立帮助行为是否可罚一直存在争议。

帮助行为正犯化的立法模式本身存在诸多争议。在这些争议尚未完全解决之前，盲目扩大帮助行为正犯化的适用范围，从立法技术上看显得过于草率，不符合现代刑事法治发展的基本精神。显然，既要惩处危害巨大的网络犯罪帮助行为，又要

① 参见刘艳红：《网络犯罪帮助行为正犯化之批判》，载《法商研究》2016 年第 3 期。

② 参见张明楷：《论帮助信息网络犯罪活动罪》，载《政治与法律》2016 年第 2 期。

顾忌帮助行为正犯化后带来的不利后果，司法解释和刑法立法在该问题上态度摇摆不定，采取进两步退一步的做法也在情理之中。

第四节　链接行为正犯化后的认定规则

共犯竞合是网络链接行为正犯化后的基本处理规则。一方面，包括网络链接行为在内的网络犯罪帮助行为具有严重的社会危害性，但帮助者与被帮助者之间缺乏意思联络或者意思联络难以查明，按照正犯化处理有内在需求，因而帮助行为的正犯化走向是不可逆的。另一方面，在中立帮助行为的可罚性及其范围面临诸多争议的情况下，正犯化走向必然受到诸多限制。因此，如何做到两者的平衡是当前迫切需要解决的问题。本书认为，刑法第 287 条之二第 3 款“有前两款行为，同时构成其他犯罪的，依照处罚较重的规定定罪处罚”的规定为该问题的解决提供了正确的指引。因此，准确理解该规定，将是妥当处理正犯化走向徘徊不定情况下的网络链接行为刑事制裁问题的有效途径。

联系刑法第 287 条之二第 1 款与第 3 款，可以得出以下结论：(1) 实施网络犯罪的帮助行为，难以构成其他犯罪的（通常是由于欠缺意思联络因素），按照第 1 款规定的帮助信息网络犯罪活动罪定罪处罚。(2) 实施网络犯罪的帮助行为，同时构成其他犯罪（通常是其他犯罪的帮助犯）的，依照处罚较重的规定定罪处罚。在第一种情况下，只按照帮助信息网络犯罪活动罪定罪处罚即可，不存在疑难问题。而在第二种情况下，则需要考虑正犯化后的行为（帮助信息网络犯罪活动罪）与正犯化前的行为（其他犯罪的帮助行为）刑罚的轻重，适用重罪定罪处罚。而在比较重罪与轻罪时，依据“共犯的竞合”理论，可能存在以下三种情况，需要区别对待：

一、法定最高刑相同时的认定规则

法定最高刑相同时，适用正犯定罪处罚。

网络犯罪的帮助行为同时构成其他犯罪共犯的，如果法定最高刑相当，原则上按照正犯行为定罪处罚，即按照帮助信息网络犯罪活动罪正犯定罪处罚（以下简称本罪正犯）。以网络链接构成盗版犯罪为例，如果行为人明知他人设立的网站为盗版音乐网站，为赚取广告费分成，仍为其提供链接等服务（假设实际被点击数在 5 万次以上 25 万次以下），则一方面构成本罪正犯；另一方面构成侵犯著作权罪的共犯，两罪法定最高刑相当（实际被点击数在 5 万次以上 25 万次以下的，对应的量刑档次是 3 年以下有期徒刑）。考虑到按照共犯处理，还要适用从犯的减轻、从轻处罚的规定，因而相对来说按照本罪正犯定罪处罚更符合“依照处罚较重的规定定罪处罚”的精神，因而应适用帮助信息网络犯罪活动罪定罪处罚。

二、共犯法定刑高于本罪时的认定规则

共犯法定刑较高，即使适用从犯从宽处罚的规定后仍高于正犯法定刑的，按照共犯定罪处罚。

如果行为人明知他人利用信息网络实施非常严重的犯罪（如网络恐怖主义犯罪、危害国家安全犯罪），仍提供帮助的，是按照本罪正犯处理，还是按照其他犯罪的帮助犯处理？不同于前述情形的是，按照本罪正犯处理，有可能罪责刑不相适应，

正如周光权教授所举的例子：甲试图颠覆国家政权，委托乙利用其成立的网络服务机构从事互联网接入服务发布相关信息。按照本罪正犯处理，只能处以 3 年以下有期徒刑；但是，如果将乙作为甲的帮助犯处理，对乙就要定颠覆国家政权罪的帮助犯，即使认定其为从犯，量刑也可能远重于按照本罪的正犯量刑。周教授批评道：对于原本可以按照共同犯罪处理的行为，画蛇添足地增设一个罪名，而且使参与犯罪的人得到从轻发落，刑法立法的目的就可能落空。[①] 事实上，不但网络恐怖主义犯罪、危害国家安全犯罪的帮助犯行为处罚可能比本罪正犯处罚要重，即使帮助他人利用信息网络实施侵犯知识产权犯罪这一传统上较轻的犯罪，也可能存在类似的情形：对于帮助犯的处罚规则是“应当从轻、减轻处罚”，除了假冒专利罪与销售侵权复制品罪以外，其他类型的侵犯知识产权犯罪的帮助犯的处罚完全可能在 3 年以上有期徒刑的范围内。因此，如果按照本罪正犯处罚，就有可能罪责刑不相适应。

本书认为，刑法第 287 条之二第 3 款“有前两款行为，同时构成其他犯罪的，依照处罚较重的规定定罪处罚”规定中的“其他犯罪”既包括其他犯罪的正犯形态，也包括其他犯罪的共犯（帮助犯）形态。如果按照本罪的正犯形态处罚难以做到罪责刑相适应，完全可以适用其他犯罪的共犯形态来处理，从而做到罪责刑相适应。这样理解，周光权教授担心的“可能使得原本需要处罚的行为被从轻发落，从而放纵犯罪”情况就不会出现。

---

① 参见周光权：《网络服务商的刑事责任范围》，载《法学杂志》2015 年第 5 期。

三、共犯法定刑低于本罪时的认定规则

共犯法定刑低于本罪时，按照他罪正犯或者共犯定罪处罚。

尽管我国刑法中绝大部分犯罪的法定最高刑高于或等于帮助信息网络犯罪活动罪的法定最高刑，但确实也存在一部分犯罪的法定最高刑低于帮助信息网络犯罪活动罪法定最高刑的情况。虚假广告罪就是示例。对此应按照他罪正犯或者共犯定罪处罚。例如，甲明知乙利用网络广告对商品或者服务做虚假宣传，仍然为其提供广告推广的链接服务，情节严重。从形式上来看，这种情形同时符合帮助信息网络犯罪活动罪和虚假广告罪的构成，而且帮助信息网络犯罪活动罪法定最高刑高于虚假广告罪，似乎应该按照帮助信息网络犯罪活动罪定罪处罚。但是，这样做会违反罪责刑相适应原则：既然正犯的行为构成虚假广告罪，最高只能处 2 年以下有期徒刑或者拘役，那么，即使将甲认定为共同正犯，也不可能适用“处三年以下有期徒刑或者拘役”的法定刑。如果甲的行为不成立共同正犯，仅属于帮助行为，更不可能适用“处三年以下有期徒刑或者拘役”的法定刑。[①] 因此，在网络链接等帮助行为虽然构成另一信息网络犯罪的共同正犯或者帮助犯，但该信息网络犯罪的法定最高刑低于帮助信息网络犯罪活动罪的法定最高刑时，“同时构成其他犯罪的，依照处罚较重的规定定罪处罚”将不再适用。

---

① 参见张明楷：《论帮助信息网络犯罪活动罪》，载《政治与法律》2016 年第 2 期。

第三章　一般链接行为的刑法规制

网络链接技术对于现代网络世界的发展起着重要的作用，其在便利访问网络空间、搜寻有用信息（借助于搜索引擎）等方面都无可替代。但是，技术也是一把“双刃剑”，链接技术的发展同时带来了诸多问题。对于一般链接来说，如果设链者明知被链者（网站、网页或者其他信息）存在违法犯罪现象（如被链网站存在淫秽视频、非法买卖枪支、卖淫嫖娼等违法犯罪信息），而仍然进行链接；或者在不知情的情况下进行链接，但接到有关主管机关、权利人提醒后仍不断开链接的，则属于相关违法犯罪行为的实行犯（不作为犯罪的实行犯）或帮助犯[①]。而对于深度链接来说，由于设链方直接遮蔽了被链方的有关显示主体身份的信息，使得网络用户以为是在设链方的网站上浏览相关信息（如电影、文字作品等），因此，除了一般链接行为可能触及的违法犯罪情形以外，还涉嫌侵犯被链方及有关权利人的著作权，可能另行构成相应的侵犯著作权犯罪；再加上深度链接行为到底是直接侵权还是间接侵权一直存在争议，从而

① 当然，对于这种具有帮助犯性质的共犯行为，在《刑法修正案（九）》增设帮助信息网络犯罪活动罪以后，可以直接按照该罪定罪处罚，即采用共犯行为正犯化的处理模式。

使得一般链接行为与深度链接行为在可能构成犯罪的种类以及罪名适用上都存在差异，因而，在接下来的两章，本书分别对一般链接与深度链接的刑法规制问题展开研讨。

第一节　作为共犯形态处罚的一般链接行为

在《刑法修正案（九）》增设拒不履行信息网络安全管理义务罪和帮助信息网络犯罪活动罪两个罪名以后，依照该两个罪名可以解决链接行为构成犯罪中的大部分疑难问题。但是，一方面，根据刑法的追诉时效规则，《刑法修正案（九）》实施之前的部分网络链接行为仍然可以构成犯罪并应当受到追诉；另一方面，《刑法修正案（九）》并未完全解决网络链接行为构成犯罪的全部问题，部分问题仍需借助之前司法解释的规定和学术界讨论的解决思路予以解决。因此，即使在《刑法修正案（九）》颁布实施之后，作为共犯形态处罚的一般链接行为问题仍然值得研究。

一、作为共犯形态处罚的一般链接行为概述

在一般链接中，如果明知被链接对象是合法作品（正版作品）或者不存在禁止传播的电子信息（如淫秽电子信息、恐怖主义信息、颠覆国家政权信息等），则一般链接行为就是合法的，不存在侵权或者犯罪问题。但是，如果明知被链接的是盗版作品或者存在其他违法犯罪问题的电子信息，则有可能构成犯罪。

一般链接服务提供者实施教唆行为，与侵权人或者其他违法犯罪分子相勾结并为其提供帮助行为，则构成相关犯罪的共

同犯罪，按照共同犯罪的原理予以处理即可。例如，明知他人实施侵犯著作权的犯罪，而与其勾结在一起，为其提供链接服务的，则构成侵犯著作权犯罪的帮助犯，对此理论上没有争议。但是，在网络世界，由于网络技术的飞速发展和网络技术的隐蔽性等特点，认定链接行为构成共同犯罪却存在很大的困难：一方面，网络世界存在许多片面故意的情形，即链接服务提供者仅仅是明知第三人实施违法犯罪行为而为其提供链接服务，两者并没有形成共同犯罪的意思联络；另一方面，即使链接服务提供者与第三人形成了犯意的联络，但由于网络世界的隐蔽性和无国界性，该犯意联络也难以查实。

在《刑法修正案（九）》颁布实施以前，对于如何处理这种共犯行为，分别有中立的帮助行为理论和片面帮助犯理论等作为定罪基础，相关司法解释也做了一定的探索。当然，无论是共犯行为正犯化理论、片面共犯理论，还是中立的帮助行为理论在解释网络链接行为引发的犯罪中都能发挥一定的作用，但也都存在一定的缺陷与不足。因此，理论界有必要继续追踪链接技术的发展，探讨链接技术不断变异对刑法理论的冲击，进而提出或者完善相应的刑法理论。

二、片面共犯理论的适用及其存在的问题

我国刑法给共同犯罪下的定义是：两人以上共同故意犯罪。这个定义为刑事司法实践中界定共同犯罪成立与否提供了基本依据。而所谓的共同犯罪故意，是指各行为人通过意思的传递、反馈而形成的，明知自己是和他人配合共同实施犯罪，并且明知共同的犯罪行为会发生某种危害社会的结果，而希望和放任这种危害结果发生的心理态度。但是，在实践中经常出现的一

种情形是：参与犯罪的人中一方有同他人实施犯罪的故意，暗中配合他人实行犯罪，而另一方却不知道有人配合自己实施犯罪，因而缺乏共同犯罪故意的情况。此即理论上所说的片面共同犯罪。①

对于片面共同犯罪，中外刑法理论上都存在较大争议。有人否认片面共犯的概念，认为片面共犯不成立共同犯罪；有人肯定片面共犯的概念，认为所有片面共犯都成立共同犯罪；有人只承认片面教唆犯与片面帮助犯；有人仅承认片面帮助犯。我国传统刑法理论通常认为，片面教唆犯和片面实行犯不大可能发生，但是单方面帮助他人犯罪而他人不知道的情况，在社会生活中是客观存在的，需要在理论上给予恰当的定位（适用帮助犯的处罚规则）。

为了有效地回应网络帮助犯由于缺乏意思联络引发的共同犯罪评价困难，最高司法机关有限度地承认了传统刑法理论中存在争议的片面共犯，以实现对于包括网络链接在内的网络犯罪帮助犯的充分评价。2010 年年初颁布的《淫秽电子信息解释（二）》中承认了网络帮助行为可以缺乏“双向的意思联络”，仅以“单向明知”与实行行为人成立共同犯罪，这一司法解释打破了我国刑法理论界对片面共犯欲言又止的局面。《淫秽电子信息解释（二）》第 7 条规定：“明知是淫秽网站，以牟利为目的，通过投放广告等方式向其直接或者间接提供资金，或者提供费用结算服务，具有下列情形之一的，对直接负责的主管人员和其他直接责任人员，依照刑法第三百六十三条第一款的规

---

① 参见“片面共犯”词条，http://baike.haosou.com/doc/5902813-6115714.html。

定，以制作、复制、出版、贩卖、传播淫秽物品牟利罪的共同犯罪处罚：(一) 向十个以上淫秽网站投放广告或者以其他方式提供资金的……（六）造成严重后果的……”该条表明司法机关在制作、复制、出版、贩卖、传播淫秽物品牟利罪中承认片面共犯的成立。随后，最高司法机关在2010年颁布的《网络赌博犯罪意见》第2条、2011年颁布的《计算机信息系统解释》第9条中分别又在特定犯罪领域认可网络犯罪帮助行为可以成立片面共犯。需要注意的是，上述三个司法解释在承认“片面共犯”的同时，也普遍进行了一定的限制。根据传统的共同犯罪理论，共同犯罪的刑事责任是以实行行为为主、危害后果为辅的“部分行为全部责任”，帮助行为帮助程度的大小强弱，一般不能影响是否成立共同犯罪，而只能影响量刑，而上述三个司法解释在规定帮助行为成立片面共犯时，又都同时规定了成立片面共犯的帮助行为的情节必须比成立普通共犯的帮助行为严重，这也说明了司法机关对于网络犯罪帮助行为成立片面共犯是一种有限度的承认。

按照通行的刑法理论，片面共犯理论确实可以解决相当一部分链接行为的刑事责任。例如，在网络世界中，设链方与被链方都是海量的，相互不认识、难以形成共同犯意是较为普遍的现象；即使存在意思联络，但司法机关无法查明该意思联络也十分常见。承认片面共犯理论并将其运用到链接行为的法律规制之中，即可以有效惩处那些明知被链网站存在违法犯罪信息而进行链接的行为，而不用考虑设链方与被链方是否存在共同犯罪的故意。

但是，即使承认片面共犯的存在，该理论在应对网络链接技术引起的社会危害方面也存在一定的缺陷。

其一，会造成一定的遗漏。通说认为，共犯（帮助犯）在定罪量刑上依赖于正犯（实行犯），如果正犯的行为达不到犯罪的程度，也就难以认定共犯的行为构成犯罪。但是，与现实社会中的犯罪不同，由网络链接技术引起的犯罪中帮助犯行为的社会危害性往往远远大于实行犯行为的社会危害性（这是由网络犯罪参与人众多决定的。例如，在一个知名度不高的网站上传一个网络视频，在没有引起广泛关注的情况下社会危害性并不大，但是该视频一旦被热门网站链接，则可能造成成千上万份视频的传播，从而给著作权人造成巨大损害）。这样就会形成刑法惩治严重危害社会行为的漏洞：在社会危害性较小的正犯行为不构成犯罪的情况下，无法处罚社会危害性较大的共犯行为，而从刑法实质正义的观点来看，这种危害较大的共犯行为更应受到惩处。此外，在正犯行为难以查证或者具有其他不能依法追究刑事责任的情形时，也难以认定存在片面共犯的情形。①

其二，难以证明设链方有片面共犯的犯意。片面共犯中虽然不要求双方有共同的犯意联络与沟通，但至少要求共犯犯意与正犯犯意相同，片面共犯方正是基于相同的犯意而对正犯实施帮助行为（只不过正犯并不知情）。如果片面共犯与正犯的犯意并不相同，就难以证实存在片面共犯的犯意，从而无法依照片面共犯的法理进行处罚。

其三，难以证明实行行为与帮助行为的因果联系。在层层设链的情况下，设链方与最终的被链方中间可能间隔数个链接，

---

① 参见王冠：《深度链接行为入罪化问题的最终解决》，载《法学》2013 年第 9 期。

此时如何证明设链行为与实行行为的因果联系就是难点。[①]

综上，鉴于网络链接技术的复杂性与网络链接行为的多样性，采用片面共犯理论来解决网络链接行为的刑事责任，虽然可以解决一部分网络设链者的刑事责任问题，但也会致使相当一部分危害严重的网络链接行为难以入罪，从而形成一定的处罚疏漏。

三、中立的帮助行为的适用及其面临的冲击

（一）中立的帮助行为概述

中立的帮助行为，是指从外表看通常属于无害的、与犯罪无关的行为，客观上却又对他人的犯罪行为起到了一定的促进作用的情形。对于这些行为，德国学术界称之为“外部的中立的行为”“日常的行为”“职业典型的行为”“习惯的业务活动”等；日本学术界称之为“日常的行为”“中立的行为”等；我国台湾地区学术界称之为“中性帮助行为”等。学者们通常举的例子是出租车司机 A 明知甲要前往某地实施杀人行为仍然将其运往该地；五金商店的店员 B 明知乙购买螺丝刀用于盗窃仍向其出售螺丝刀；丙在撬他人保险箱时口干舌燥，C 递给他一瓶饮料使得盗窃行为得以继续。中立的帮助行为理论提出的背景是，在分工日益精细化的现代社会中，几乎所有用于犯罪的物品都是通过流通渠道获得的。这样一来，几乎售出的所有商品或者提供的服务都可能被他人恶意用于犯罪。但是，出售或

① 参见王冠：《深度链接行为入罪化问题的最终解决》，载《法学》2013 年第 9 期。

者提供行为并非一概可以作为犯罪处理，否则就是科以销售者或者提供者过多的注意义务并导致流通渠道的停滞，阻碍社会经济的发展。然而，上述行为中哪些应作为犯罪处理、哪些不应作为犯罪处理以及作为犯罪（或者不作为犯罪）处理的依据，学界意见很不一致。

（二）中立的帮助行为的适用依据

1. 理论依据

本书认为，中立的帮助行为理论可以解决一部分链接行为的入罪化问题。中立的帮助行为理论的提出，固然是为了限制帮助犯的处罚范围，但其也无一例外地承认，对于明知正犯行为的犯罪性质而仍向其提供帮助，因而增加了法不容许的危险的，属于“可罚的帮助行为”。判断是否增加了“法不容许的危险”，可以结合正犯行为的紧迫性、行为人（帮助者）对法益的保护义务、行为对法益侵害所起的作用大小、行为人对正犯行为认识是否确实等因素综合考虑。[①] 在部分链接行为中，被链方设立网站、建立群组的目的就是进行某类违法犯罪（如传播盗版网络视频或者进行诈骗等），可谓“正犯的行为具有紧迫性”；部分正犯所实施的违法犯罪行为一旦实施完毕，会对社会造成巨大损害（如严重侵犯著作权的网络视频等），可谓“行为对法益侵害所起作用巨大”；设链方在明知被链方存在上述严重的违法犯罪问题的情况下，仍然为之提供链接，可谓“行为人对正犯行为的认识是确实的”。综合以上几点认识，在设链方明知被链方网站存在明显的违法犯罪现象的情况下，仍然为其提供链

---

① 参见张明楷：《刑法学》，法律出版社 2011 年版，第 385 页。

接，可以认定为“可罚的帮助行为”，符合其他构成要件的，可以按照相应犯罪的帮助犯处理。

2. 法律和司法解释上的依据

尽管学界存在诸多争议，但晚近以来有关行政民事立法、最高司法机关颁布的司法解释及其他规范性文件都体现了认可中立的帮助行为理论的精神。

2004 年最高人民法院、最高人民检察院《淫秽电子信息解释》第 7 条[①]，2011 年最高人民法院、最高人民检察院、公安部《关于办理侵犯知识产权刑事案件适用法律若干问题的意见》第 15 条[②]，2013 年最高人民法院、最高人民检察院《关于办理危害食品安全刑事案件适用法律若干问题的解释》第 14 条[③]都规定，明知他人实施犯罪行为（正犯行为），而为其提供实施相应犯罪所需的原材料（辅助材料）、互联网接入、服务器托管等商品或者服务的，按照共同犯罪处理。

---

① 该条规定：“明知他人实施制作、复制、出版、贩卖、传播淫秽电子信息犯罪，为其提供互联网接入、服务器托管、网络存储空间、通讯传输通道、费用结算等帮助的，对直接负责的主管人员和其他直接责任人员，以共同犯罪论处。”

② 该条规定：“明知他人实施侵犯知识产权犯罪，而为其提供生产、制造侵权产品的主要原材料、辅助材料、半成品、包装材料、机械设备、标签标识、生产技术、配方等帮助，或者提供互联网接入、服务器托管、网络存储空间、通讯传输通道、代收费、费用结算等服务的，以侵犯知识产权犯罪的共犯论处。”

③ 该条规定：“明知他人生产、销售不符合食品安全标准的食品，有毒、有害食品，具有下列情形之一的，以生产、销售不符合安全标准的食品罪或者生产、销售有毒、有害食品罪的共犯论处：……（三）提供生产技术或者食品原料、食品添加剂、食品相关产品的……”

事实上，我国相关民事行政法律也体现了认可中立帮助行为的精神。例如，《信息网络传播权保护条例》第 21 条规定：“网络服务提供者为提高网络传输效率，自动存储从其他网络服务提供者获得的作品、表演、录音录像制品，根据技术安排自动向服务对象提供，并具备下列条件的，不承担赔偿责任：（一）未改变自动存储的作品、表演、录音录像制品；（二）不影响提供作品、表演、录音录像制品的原网络服务提供者掌握服务对象获取该作品、表演、录音录像制品的情况；（三）在原网络服务提供者修改、删除或者屏蔽该作品、表演、录音录像制品时，根据技术安排自动予以修改、删除或者屏蔽。”第 22 条规定：“网络服务提供者为服务对象提供信息存储空间，供服务对象通过信息网络向公众提供作品、表演、录音录像制品，并具备下列条件的，不承担赔偿责任：（一）明确标示该信息存储空间是为服务对象所提供，并公开网络服务提供者的名称、联系人、网络地址；（二）未改变服务对象所提供的作品、表演、录音录像制品；（三）不知道也没有合理的理由应当知道服务对象提供的作品、表演、录音录像制品侵权；（四）未从服务对象提供作品、表演、录音录像制品中直接获得经济利益；（五）在接到权利人的通知书后，根据本条例规定删除权利人认为侵权的作品、表演、录音录像制品。”遵循文义解释的方法，条款所列举的情形中均分别包含“未改变”“明确标示”“修改、删除、屏蔽”等动词，宾语则是服务对象的内容，这就意味着当网络服务提供者的行为不涉及或者未改变服务对象内容的时候，就不需要对服务内容的非法性承担行政或民事责任。既然这些行为不应该承担民事行政责任，自然也不应该承担刑事责任。据此，可以将那些中立的、不具备法益侵害性的行为从刑法视野中予以排除。也就是说，这些行为可以依据中立的帮助行为理论，排除其刑事违法性。

（三）中立的帮助行为的适用缺陷

但是，运用中立的帮助行为理论解决一般链接行为中的犯罪问题，仍存在以下缺陷：

其一，构成“可罚的帮助行为”，要求设链者明知被链者在从事犯罪活动。然而，从司法实践来看，如何认定“明知”是一个很大的难题。

在实践中，司法机关对“明知”一般都是依据直接证据或犯罪嫌疑人的口供进行认定，但嫌疑人基本不会供认自己明知他人实施网络诈骗、网络赌博等信息网络犯罪而提供技术支持或帮助，从而导致这一主观认定标准极难实现，实践中也很少有犯罪嫌疑人因此被认定为共犯。在“快播案”中，被告人王某当庭辩解“对于播放器的使用，不管是点播网络文件也好，还是本地文件也好，我们都是未知的，不管是普通文件还是色情文件”。

尽管司法解释为一部分案件中“明知”的认定确立了一些推定规则，但这些规则是否适用于一般链接行为还是未知数。此外，网络环境中的复杂性无疑又加剧了明知的认定难度。例如，在网络上存在大量的名不副实的网站，既有表面违法实则刑事上合法（以违法为噱头以引起关注，但至少在刑事上不会引起责任追究），也有表面合法实则违法（这是大量的行为样态）的网站。如何判断设链者是否明知被链者存在违法犯罪活动就显得尤为困难。

其二，如片面共犯理论面对链接行为的刑法规制时存在的缺陷一样，在层层设链的情况下，如何认定远端的设链行为与最终的被链者的犯罪行为的因果关系也是一个难点。

综上，在《刑法修正案（九）》生效之前，对于一般链接行为按照共犯处理，尽管存在片面共犯、中立的帮助行为等理论依据，甚至司法解释还进行了尝试性规定，但是仍然面临巨大争议，适用范围较为狭窄，远远无法适应惩治一般链接行为中存在的违法犯罪问题。基于此，《刑法修正案（九）》开始采用正犯化的立法，将相应犯罪的共犯性质的一般链接行为开始独立规定为犯罪，即共犯行为正犯化的立法模式。因此，在《刑法修正案（九）》生效之后，对于一般链接行为中的违法犯罪行为，采取正犯的处理模式渐成主流，而按照共犯模式处理，则只适用于特殊情况（如《刑法修正案（九）》生效之前的部分行为、按照从一重罪处罚原则而选择适用共犯的罪名等）。

第二节　作为正犯形态处罚的一般链接行为

作为正犯形态处罚的一般链接行为存在两种情况，一种是在《刑法修正案（九）》生效之前，司法解释规定对于特殊情形的一般链接行为，按照相应犯罪的正犯处理（也即司法解释上的共犯行为正犯化）；另一种是在《刑法修正案（九）》生效之后，刑法立法上确立了将一般链接行为作为正犯处理的立法例，因而对于一般链接行为可以作为帮助信息网络犯罪活动罪或者拒不履行信息网络安全管理义务罪定罪处罚（也即立法上的共犯行为正犯化）。

一、《刑法修正案（九）》生效之前作为正犯形态处罚的一般链接行为

（一）将一般链接行为作为正犯形态处罚的理论基础

虽然网络链接行为有别于传统的传播淫秽物品犯罪、侵犯著作权犯罪的实行行为，但是，如果结合信息网络传播行为的技术特点，将“传播”“复制发行”等传统空间中的犯罪实行行为加以扩大化解释，则“链接”行为毫无疑问也可以被解释为一种网络空间中的“传播”行为和“复制发行”行为，以此为出发点，网络链接行为实际上可以视为“传播”和“复制发行”的实行行为。“网络链接对于我国的一些传播性犯罪或者煽动性犯罪，其已经不再是单纯的引导用户访问的行为，而是一种实质的传播行为，可以构成独立的传播行为，从而成立单独的犯罪。”① 也就是说，网络链接行为可以构成传播类犯罪和煽动类犯罪的实行行为（正犯行为）。

传播类犯罪②罪状表述中的“传播”是一种构成要件行为，它是立法抽象提炼出的行为类型，而不是指具体、单一的动作，当然不限于具体的“播放”或“帮助播放”。传播的根本目的

---

① 于志刚：《虚拟空间中的刑法理论》，中国方正出版社 2003 年版，第 185 页。

② 刑法中的传播行为，根据其传播特征的不同，可以划分为两种基本类型。一种是需要人际传播的行为，如传播性病罪，其需要通过身体动作的交流而实施；另一种不限于人际传播，而是包括了人际传播与大众传播的行为方式，大众传播需要通过一种专业化的媒介来加以实施，如传播淫秽物品罪、传播淫秽物品牟利罪等。网络链接构成的违法犯罪，本书仅限于讨论后一种情形。

是社会信息的传递。[①] 从它的核心语义“传”出发，传播不仅仅指“播放”或“帮助播放”，还可以包括各种不同的动作、行为等表现方式。不管“传播”采用何种定义，其核心语义都有“分享信息”之意。根据信息受众的人数，这种分享包括了一对一、一对多、多对一、多对多等不同的样态，信息受众的人数越多，则“传播”的能力越强，规模越大。尤其需要强调的是，“传播”不是具体的动作，而是动态过程模式，因此中间环节的受众也可以是传播者。[②] 因此，即使设链者不是播放者，也不具有阻止观看、阻止播放的义务，从其是否使信息实现了多数受众的分享（共享）过程看，它的行为性质也符合“传播”行为的本义。例如，明知是虚假的恐怖信息而予以链接，实际上会扩大其传播范围，使得网络链接行为具有传播行为的正犯性质。

（二）将一般链接行为作为正犯形态处罚的司法解释依据

2010年，最高人民法院、最高人民检察院发布了《淫秽电子信息解释（二）》。该解释将四种类型的传播淫秽物品的网络技术支持行为按照传播淫秽物品罪（或传播淫秽物品牟利罪）的正犯论处，而不是按照传统上理论界较为认同的共犯论处。例如，其第3条规定：“利用互联网建立主要用于传播淫秽电子信息的群组，成员达三十人以上或者造成严重后果的，对建立者、管理者和主要传播者，依照刑法第三百六十四条第一款的规定，以传播淫秽物品罪定罪处罚。”第4条规定：“以牟利为

① 郭庆光：《传播学教程》，中国人民大学出版社1999年版，第26页。

② 参见毛玲玲：《传播淫秽物品罪中“传播”行为的性质认定》，载《东方法学》2016年第2期。

目的，网站建立者、直接负责的管理者明知他人制作、复制、出版、贩卖、传播的是淫秽电子信息，允许或者放任他人在自己所有、管理的网站或者网页上发布，具有下列情形之一的，依照刑法第三百六十三条第一款的规定，以传播淫秽物品牟利罪定罪处罚：（一）数量或者数额达到第一条第二款第（一）项至第（六）项规定标准五倍以上的；（二）数量或者数额分别达到第一条第二款第（一）项至第（六）项两项以上标准二倍以上的；（三）造成严重后果的……"

针对上述规定，有学者提出了共犯行为正犯化的命题。[①] 将技术帮助行为这一"共犯"行为独立化解释为"实行行为"，即"正犯"行为，以此来解决包括恶意链接行为在内的所有网络技术帮助行为的刑事责任问题，是应对网络犯罪的未来立法模式。该学者认为，上述司法解释对于四种类型的传播淫秽物品的网络技术支持行为，不再作为帮助行为定性，而是直接作为传播淫秽物品罪、传播淫秽物品牟利罪的实行行为加以评价和制裁；不再考虑其所帮助的、实际在网络中传播淫秽物品的行为是否构成犯罪的问题；不再以传播淫秽物品罪、传播淫秽物品牟利罪的共犯来对此类技术帮助行为进行定性评价，从而在司法上减少了烦琐的、对于具体传播淫秽物品行为加以认定和评价的步骤，能够更为有效地评价和制裁危害性更大的传播淫秽物品的网络技术帮助行为。

（三）将一般链接行为作为正犯形态处罚的司法实践

通过网络链接提供淫秽物品的行为在现实的司法实践中一

① 参见于志刚：《网络犯罪与中国刑法应对》，载《中国社会科学》2010年第3期。

直是被作为刑法意义上的传播来加以对待的。“建立超链接点本身并非一定就是传播淫秽物品的行为，但由于通过这些链接点可使他人能够容易地进入淫秽网站或网页，观看到淫秽物品，因而也是一种传播淫秽物品的方式。”① 公安部督办的“QQ 华娱网”传播淫秽电影案，就属于将一般链接视为传播行为的典型案例。② 类似的处理更是不乏其例。近几年来，国内各地纷纷出现数起将淫秽物品网络服务提供行为作为传播淫秽物品犯罪

---

① 罗李梅：《传播淫秽物品犯罪研究》，四川省高级人民法院第十二届学术讨论会获奖论文。

② 公安部和辽宁省公安厅通过互联网监控发现，在沈阳地区有一个传播淫秽色情信息的网站“QQ 华娱网”。网站上共有 1200 余部电影在线播放，其中 408 部电影链接国外淫秽网站，内容极其淫秽。通过该网站的页面显示，这些淫秽电影的浏览量超过 410 多万人次，而且该网站还利用手机注册会员，以收取会员费传播淫秽色情物品牟取暴利，成为震惊公安部的挂牌督办案件。两名被告人分别被判处有期徒刑 11 年和 10 年，各处罚金 1 万元。参见王志东：《俩 20 岁“网主”网上贩“黄”震惊公安部》，载《辽沈晚报》2004 年 9 月 15 日。

定罪的判例。[①] 根据我国学者孙万怀教授的提炼，其中包括：将网盘上的色情信息链接发布在各大色情网站，通过他人点击其链接发布的淫秽网页获取利益；在家中用笔记本电脑在某论坛上链接淫秽视频31个；擅自将30部淫秽电影链接于南漳广电网成人片区；从色情资源站将大量的色情信息链接到自建的5个色情网站，并以招揽广告联盟等方式牟利；开设大型色情网站并通过网站链接一些性用品广告、视频聊天网站等获取广告费；转存、上传含有色情内容的成人视频、图片、小说以及包含以上内容的种子链接等文件；以分级浏览的方式鼓励普通会员向该网站发布含有淫秽内容的帖子，并发展付费的VIP会员，在网站设立付费链接；在网站提供淫秽电影的直接有效链接，网友采用注册会员制付款后在线收看，共在网上提供淫秽电影链接20部；等等。[②]

---

① 涉嫌犯罪的鹿某用自己的QQ申请了“烟台交友群”，后由管理员将群名改成“烟台色友群”。该群空间共享大量淫秽电影链接和一些淫秽图片。有鹿某自己发的，也有加入的网友发的，渐渐地，群里的淫秽电影越积越多，最后达到了几百部。通过淫秽电影链接，可以看到淫秽电影。“利用QQ聊天工具建QQ群发布淫秽电影和图片被批捕的，在我市尚属首例。”于珺：《利用QQ空间发布淫秽电影链接—男子传播淫秽物品被捕》，载《烟台晚报》2010年1月1日。2003年8月，湖南人谭某在互联网上免费申请了一个域名，租用了某公司300兆的虚拟空间。随后建立了自己的“浪人中特网”。先后从互联网上将161部含有淫秽内容的电影、132部淫秽小说和11篇淫秽图片链接在该网站的“成人专区”版块。截至被公安机关查获，共有29722人次点击观看了这些淫秽内容，造成极大的社会危害。肖献松：《一男子将大量淫秽电影发布到个人网站害人害己》，载《江淮晨报》2004年9月22日。

② 参见孙万怀：《慎终如始的民刑推演——网络服务提供行为的传播性质》，载《政法论坛》2015年第1期。

（四）将一般链接行为作为正犯形态处罚的理论争议

对于上述按照正犯处理的法律现象，也有学者提出是司法解释采取了“共犯行为正犯化”的解决思路。也即链接行为本来并不是相关传播行为的正犯行为，而是帮助行为，但基于某种政策考量，对于该共犯行为按照正犯处理。[①] 然而，该理论还是面临不少争议：其一，如上所述，在部分网络链接行为构成的传播类犯罪中，链接行为本身就是传播类犯罪的正犯行为，本身并不存在需要将其解释为正犯的理论基础。其二，该命题在我国出现的时间尚短，有关该命题能否为理论界普遍接受还值得考虑。例如，对于该理论，有学者批评道：在实质客观说之下，正犯与实行行为并不具有对应关系，所以才导致共犯行为正犯化的现象，但此种逻辑思维与其基本立场即构成要件的定型性之间存在明显的冲突，必须进行纠正。[②] 该学者同时认为，即使不按照共犯行为正犯化的思路，仍然可以解决上述共犯在认定中的难题。本书认为，在我国共同犯罪理论，尤其是借鉴大陆法系国家刑法理论而形成的共同犯罪理论研究还不够深入、尚未成体系的情况下，贸然引入共犯行为正犯化理论，无疑会严重损害构成要件行为的定型性，模糊共同犯罪行为中共犯行为与正犯行为的界限，从而使得我国刑法学由粗疏走向精致的道路发生逆转，并不可取。其三，现有的司法解释所作出的有限探索并不足以得出司法实践中完全贯彻共犯行为正犯

---

① 参见于志刚：《网络犯罪与中国刑法应对》，载《中国社会科学》2010 年第 3 期。

② 参见阎二鹏：《共犯行为正犯化及其反思》，载《国家检察官学院学报》2013 年第 3 期。

化理论的普遍做法。应该说，该做法是针对网络世界中共犯行为认定困难、犯意联络难以认定的情况不得已作出的例外规定，并不具有推广的普遍意义。这一点是我们在理解上述司法解释以及其他规范性文件时必须注意的。事实上，这一点也可以从司法机关对于共犯的正犯化解释较为慎重的态度上看出来。虽然共犯的正犯化比片面共犯能更有效地评价和制裁网络犯罪帮助行为，但是，共犯的正犯化这一司法对策目前仅存在于《淫秽电子信息解释（二）》中，后续的《网络赌博犯罪意见》和《计算机信息系统解释》对于网络犯罪帮助行为都是采取了片面共犯的对策，即便是在《淫秽电子信息解释（二）》中，对于“通过投放广告等方式向其直接或者间接提供资金或者提供费用结算服务”的帮助行为也是采用片面共犯思路，[①] 而没有采用共犯行为正犯化的思路。

二、《刑法修正案（九）》生效之后作为正犯形态处罚的一般链接行为

前已述及，2010 年最高人民法院、最高人民检察院《淫秽电子信息解释（二）》将四种类型的传播淫秽物品的网络技术支持行为按照传播淫秽物品罪（或传播淫秽物品牟利罪）的正犯论处。针对上述规定，有学者提出了共犯行为正犯化的命题。[②] 按照该理论，共犯行为的定罪量刑问题不再依赖于正犯行

① 参见于志刚：《网络空间中犯罪帮助行为的制裁体系与完善思路》，载《中国法学》2016 年第 2 期。

② 参见于志刚：《网络犯罪与中国刑法应对》，载《中国社会科学》2010 年第 3 期。

为的定罪量刑而显示出其独立性，确实可以解决相当一部分共犯行为定罪量刑上的难题。然而，该理论在我国出现的时间尚短，能否为学术界普遍接受还存在疑问；司法解释是针对网络世界中共犯行为认定困难、犯意联络难以认定的情况不得已作出的例外规定，并不具有推广的普遍意义。解决该问题的根本途径还是在于将该理论运用于立法，即由立法机关直接将有关犯罪的共犯行为正犯化，就可以普遍性地解决有关案件的疑难问题。2015 年立法机关作出了回应，通过《刑法修正案（九）》增设了相关罪名，进一步明确了网络犯罪帮助犯的正犯责任和网络服务提供者的平台责任，从而为刑法惩治非法的链接行为提供了法律依据。《刑法修正案（九）》增设帮助信息网络犯罪活动罪和拒不履行信息网络安全管理义务罪以后，对于网络链接行为而言，可能分别构成这两个犯罪的正犯行为。

（一）作为帮助信息网络犯罪活动罪正犯形态处罚的一般链接行为

1. 帮助信息网络犯罪活动罪的立法进程

共犯与正犯的区分总是相对的。一种犯罪行为的正犯行为，对于另一种犯罪来说，可能就是共犯行为。例如，非法制造枪支行为是非法制造枪支罪的正犯行为，但相对于故意杀人罪来说可能就是共犯行为（以提供杀人工具为例）。本来，即使不规定非法制造枪支罪，对于为故意杀人提供犯罪工具的非法制造枪支行为，也可以按照帮助犯进行定罪处罚。但是，刑法仍然基于共犯行为的常见性以及巨大的社会危害性，将共犯行为规定为另一种犯罪的正犯行为。例如，基于非法制造枪支罪比较常见并经常被用于犯罪目的，社会危害性极大，而直接将非法制造枪支的行为规定为犯罪，从而使得非法制造枪支的行为不再依赖于使用枪支从事其他犯罪行为的目的来定罪处罚，而是直接把制造枪支的行为定罪处罚。应该说这种立法例并不罕见，尤其是在现代的复杂社会，在国家法益和社会法益大量进入刑法保护范围的情况下，一些原本只是共犯行为的危害行为被按照正犯行为进行刑事立法，符合刑法法益保护的基本原理。

与1979年刑法相比，1997年刑法修订时就进行了不少共犯行为正犯化的立法，如资助危害国家安全犯罪活动罪和协助组织卖淫罪。在网络犯罪领域，2009年颁行的《刑法修正案（七）》在刑法第285条第3款增设了提供侵入、非法控制计算机信息系统程序、工具罪，该罪名也是网络犯罪帮助行为领域的共犯行为正犯化的立法尝试，通过立法的形式实现了对非法侵入计算机信息系统和非法控制计算机信息系统提供帮助行为的充分评价，具有开创性。①

然而，在网络时代，网络犯罪帮助行为对传统刑法的冲击是全局性的，不仅体现在计算机信息系统罪名领域，也体现在传统罪名领域，提供侵入、非法控制计算机信息系统程序、工具罪仅仅对计算机犯罪的帮助行为进行了正犯化处理，这种“一罪一立法”的模式显然不能适应网络时代新型犯罪对法益的全面冲击。因此，《刑法修正案（九）》在刑法第287条之二增设了帮助信息网络犯罪活动罪，规定：“明知他人利用信息网络实施犯罪，为其犯罪提供互联网接入、服务器托管、网络存储、通讯传输等技术支持，或者提供广告推广、支付结算等帮助，

---

① 参见于志刚：《网络犯罪与中国刑法应对》，载《中国社会科学》2010年第3期。

情节严重的，处三年以下有期徒刑或者拘役，并处或者单处罚金……”该罪可以被视为所有为网络犯罪提供信息技术支持行为的兜底性罪名，是立法对于网络犯罪帮助行为的整体性回应，当然可以涵盖所有的网络链接行为。2015 年 10 月 30 日，最高人民法院、最高人民检察院将该条文所涉罪名确定为帮助信息网络犯罪活动罪。

该罪自起草之日即面临诸多争议①，然而，在刑法条文通过以后“即使刑法有缺陷，我们也应当运用刑法解释方法，将其解释得正当、没有缺陷”②。

2.“明知”的理解与认定

构成帮助信息网络犯罪活动罪，首先需要具备“明知他人利用信息网络实施犯罪”要件，因而“明知”成为该罪构成要件要素。

（1）“明知”的含义。

“明知”，顾名思义就是“明明知道”或者“明确知道”。在我国刑法中，“明知”与“应知”有时并列使用，两者之间虽有紧密联系，但既不包容，也不交叉。然而，晚近一些司法

---

① 参见周光权：《网络服务商的刑事责任范围》，载《法学杂志》2015 年第 5 期。

② 张明楷：《刑法解释理念》，载《国家检察官学院学报》2008 年第 6 期。

解释在解释“明知”时，经常将“应知（应当知道）”涵括在内[①]，因而使得学术界与实务界对“明知”的含义产生了不同的认识。

按照对“明知”范围界定的由窄到宽，大体上可以将“明知”的含义分为三种：第一种观点认为，“明知”就是“确知”，即明明知道、明确知道。[②] 如果行为人仅仅是模模糊糊地知道，或者仅有一定的合理怀疑，不能认定为“明知”。第二种观点认为，“明知”包括“确知”和“可能知道”。“确知”是对他人有犯罪行为的确定性认识；“可能知道”是对他人有犯罪行为的可能性认识。行为人根据有关事项，知道他人可能有犯罪行为，但又不能肯定。[③] 第三种观点认为，“明知”是知道（“确知”）和应当知道（“应知”），这是司法解释采纳的观点，为大多数学者所采用。[④]

本书认为，第一种观点相对更为可取，理由是：其一，第二、三种观点把“明知”解释为包括“可能知道”与“应当知道”，而“可能知道”也就意味着“可能不知道”，“应当知道”

---

① 参见 1998 年最高人民法院、最高人民检察院《关于依法查处盗窃、抢劫机动车案件的规定》、2000 年最高人民法院《关于审理破坏森林资源刑事案件具体应用法律若干问题的解释》以及 2004 年最高人民法院、最高人民检察院《关于办理侵犯知识产权刑事案件具体应用法律若干问题的解释》等。

② 参见蔡桂生：《国际刑法中“明知”要素研究》，载《法治论丛》2007 年第 5 期。

③ 参见赵秉志、许成磊：《侵犯注册商标权犯罪问题研究》，载《法律科学》2002 年第 3 期。

④ 参见唐治祥：《对“明知他人有间谍犯罪行为”的理解》，载《成都教育学院学报》2006 年第 2 期。

的内在含义就是“不知道”，无论如何，把刑法上的“明知”解释为包括“不知道”“可能知道”在内，在构成要件的认定上可能欠缺主观的违法要素，也存在违反罪刑法定原则的嫌疑，确实难以使人信服。其二，第一种观点对“明知”的界定虽然存在缺陷，即“对明知的限定范围过于狭窄，容易为狡猾的犯罪分子所利用，使得他们可以借口未被明确告知而不明知，从而逃避刑法的惩罚”①，但“明确知道”是“明知”的本来含义，不能为了克服其文义缺陷而违背刑法解释的基本原理。其三，对于“明确知道”认定中存在的认定难等缺陷，完全可以通过刑事推定制度来解决。“推定行为人知道，其法律效果与行为人明确知道并无区别。”② 根据社会一般常识进行推定，既符合认识的普遍规律和罪刑法定的基本要求，又可以弥补“明知”认定中存在的缺陷。

（2）“明知”的认定。

“明知”作为表现犯之表现，是行为之外需要证明的主观违法要素，不能从其行为中直接得以确证。于是，司法实践中办理该类案件经常遇到以下难题：行为人往往声称自己仅仅提供互联网接入服务、视频分享平台或者网络链接服务等技术支持工作，自己从事的是合法的网络经营业务，对于被帮助人是否利用自己的帮助从事信息网络犯罪并不知情。而脱离行为人对被帮助人的犯罪行为的明确认识（“明知”），行为人的违法行

① 冯英菊：《论赃物犯罪中的“明知”》，载《人民检察》1997 年第 12 期。

② 皮勇、黄琰：《论刑法中的“应当知道”——兼论刑法边界的扩张》，载《法学评论》2012 年第 1 期。

为也就难以认定。

本书认为，“明知”的认定难题是所有的包含“明知”构成要件要素的犯罪认定中的一个共性问题。既不能因为“明知”的不好认定，而动辄要求立法取消“明知”的构成要素（取消“明知”要素，可能会违反刑法的责任主义原理），或者在取消“明知”要素之前，司法上消极等待、无所作为；也不能违背刑事诉讼中的程序正义，以刑讯等手段逼取“明知”的口供。正确的方法是，加强理论研究，依赖刑事推定制度来认定“明知”。

当前，中国一部分司法解释及其他规范性文件明确了“明知”的推定规则。例如，2004 年最高人民法院、最高人民检察院《关于办理侵犯知识产权刑事案件具体应用法律若干问题的解释》第 9 条规定：“……具有下列情形之一的，应当认定为属于刑法第二百一十四条规定的‘明知’：（一）知道自己销售的商品上的注册商标被涂改、调换或者覆盖的；（二）因销售假冒注册商标的商品受到过行政处罚或者承担过民事责任、又销售同一种假冒注册商标的商品的；（三）伪造、涂改商标注册人授权文件或者知道该文件被伪造、涂改的；（四）其他知道或者应当知道是假冒注册商标的商品的情形。”2012 年最高人民法院、最高人民检察院、公安部《关于依法严惩“地沟油”犯罪活动的通知》之“二”规定，认定是否“明知”，应当结合犯罪嫌疑人、被告人的认知能力，犯罪嫌疑人、被告人及其同案人的供述和辩解，证人证言，产品质量，进货渠道及进货价格、销售渠道及销售价格等主、客观因素予以综合判断。2003 年最高人民法院、最高人民检察院、公安部、国家烟草专卖局《关于办理假冒伪劣烟草制品等刑事案件适用法律问题座谈会纪要》、2009 年最高人民法院《关于审理洗钱等刑事案件具体应用法律若干问题的解释》等都有类似的规定。

在网络知识产权犯罪中，存在一个著名的推定规则（“红旗标准”规则）。该规则的基本含义是：如果有关他人实施侵权行为的事实和情况已经像一面鲜亮的红旗在网络服务提供商面前公然飘摇，以至于网络服务提供商不可能不发现他人侵权行为的存在，则可以认定网络服务提供商存在“明知”。该规则缘起于美国，并已为世界各国普遍采纳。采用该规则，可以判别当下许多热门案件中网络服务提供商的“明知”问题。例如，当下热门的电影或者电视剧至今尚未授权任何一家网站在线免费提供网络视频的下载服务，这是常识，网络视频经营者不可能不知道。这类的网络服务提供商只要“不经意地”扫一眼网页中列出的电影名称和主演名字，就能够立刻意识到被链接的网络视频是由受著作权法保护的影视作品制成并由第三方网站未经许可而擅自上传至网上的。这是任何一个与网站的编辑或者经营管理人员具有相同认识能力的理性人都不可能意识不到的事实。基于此，可以推定信息网络服务提供者对于服务对象的侵权事实存在“明知”①。

结合网络链接违法犯罪的实际，以下事实也可以作为推定行为人对他人利用信息网络实施链接违法犯罪具有“明知”的认识因素：行为人明知他人由于利用网络链接实施违法犯罪而承担民事责任、受过行政处罚乃至刑事处罚，不认真核实其经营业务、经营范围，仍然向其提供信息网络链接服务的；收取的网络链接服务费用明显高于正常标准的；被服务对象存在伪

---

① 参见王迁：《论“信息定位服务提供者”间接侵权行为的认定》，载《学术论坛》2006 年第 1 期。

造、涂改、转借有关网络经营业务资质证书的；有关交易文书明确记载该服务对象可能实施网络犯罪的；服务对象实施信息网络犯罪被发现后，行为人转移、销毁物证或者提供虚假证明的；所服务对象均从事或者主要从事信息网络犯罪活动的；行为人与被服务对象存在商业合作或者利益分成关系的；等等。

需要注意的是，“推定是人们基于经验法则而来的。人们对社会上的某种现象进行反复认识之后，逐渐掌握了其内在规律，对这种内在规律的认识即经验法则，具有高度的盖然性。由于事实推定的机理是基于盖然性，因而得出的结论并非是必然的，而存在或然性”①。因此，为保证推定结论的正确性，应允许行为人反驳和作出合理解释。行为人反驳只要达到合理程度即可否认“明知”的存在。例如，在收取的服务费用明显高于正常标准的情况下，行为人只需证明其对网络链接违法犯罪活动提供服务收取的费用与对合法业务活动提供服务收取的费用一致，或者其提供的服务质量明显高于同类服务商等，即可以认为其作出了合理解释，从而否定“明知”的存在。相反，如果行为人针对合法业务活动收取的费用低而针对网络链接违法犯罪活动收取的费用高，而且服务质量没有显著区别的，针对从事网络视频链接违法犯罪活动的被服务对象收取的高额服务费即可以用来推定其“明知”。

此外，在证据法上，推定与推论并非相同概念。推论是指根据现有证据，采用逻辑分析与经验判断的方法，对是否明知进行内心确证。对于明知的认定来说，推论是最为常见的方法。

---

① 何家弘主编：《证据学论坛》，中国检察出版社 2001 年版，第 165 页。

网络版权法中的“通知与移除规则”即是运用推论证明“明知”的有效办法。该规则为1998年美国《千禧年数字版权法》首创，并为世界各国普遍接纳。其基本含义是：如果权利人向网络服务提供商发出通知，告知其储存或者链接的内容侵权，则该通知能够起到让网络服务提供商明知的作用。在收到权利人的通知之后，网络服务提供商如果不移除或者断开侵权内容的链接，则除非其能够证明权利人的指称虚假，就应当被认定为是在明知他人存在侵权行为的情况下，以保留侵权内容和链接的方式帮助其扩大侵权损害后果，应为此承担连带责任。在这种归责方式中，收到通知，即为证明其存在“明知”的有力证据。

（3）“明知”的认识错误。

“明知”的认识错误，即设链者对被帮助的人是否实施信息网络犯罪产生认识上的错误。这又包括两种情况：其一，将他人不实施信息网络犯罪的行为误以为想实施信息网络犯罪而进行帮助。在这种情况下，行为人主观上具有犯罪故意，客观上也实施了帮助信息网络犯罪的行为。但由于被帮助的信息网络行为不是犯罪行为，不符合客观构成要件，也不会对信息网络管理秩序这种法益造成破坏，因而不构成犯罪。其二，将准备实施信息网络犯罪的行为误以为不是实施信息网络犯罪的行为，而提供链接方面的帮助。在这种情况下，行为人由于主观上不具有帮助实施信息网络犯罪的故意，缺乏该罪的主观构成要件，也不构成本罪。

3.“犯罪”的理解与认定

此处的“犯罪”可能存在的争议是：“犯罪”是指完全符合犯罪构成意义上的犯罪（在我国传统的四要件体系中，符合犯罪构成的四个要件；在大陆法系三阶层体系中，符合构成要件符合性、违法性和有责性三个要件）还是指犯罪行为意义上的犯罪（在我国传统的四要件体系中，符合犯罪客观方面的行为要件；在大陆法系三阶层体系中，符合构成要件符合性、违法性要件[①]）？对该问题的不同认识，显然会导致对许多具体问题的不同回答：如果认为“犯罪”是指完全符合犯罪构成意义上的犯罪，那么不具备刑事责任能力的人实施的网络违法行为、具备刑事责任能力的人实施的情节不够严重的信息网络违法行为（如被帮助人实施的侵犯著作权罪没有达到“违法所得数额较大或者有其他严重情节”）、被帮助人过失实施的信息网络违法行为等，就不属于该罪中的信息网络犯罪，进而为这些信息网络违法行为提供网络链接服务的也不构成本罪。如果认为“犯罪”是指犯罪行为意义上的犯罪，则上述所列情形均属于信息网络犯罪行为，对这些行为提供网络链接服务的，均可以构成本罪。例如，网络链接服务提供商 A 明知甲、乙、丙、丁四人各自单独实施网络盗版行为，该四人的行为单独来看都达不到侵犯著作权罪的定罪标准，又不是共同犯罪，A 分别提供了链接服务行为，综合来看，A 的情节达到严重程度。对此，如果认为“犯罪”是指完全符合犯罪构成意义上的犯罪，就会认为 A 的行为难以构成本罪；如果认为“犯罪”是指犯罪行为意义上的犯罪，就会认为 A 的行为仍可以构成犯罪。事实上，在甲、乙、丙、丁不具有刑事责任能力或者过失实施信息网络违法行为的情况下，对“犯罪”的不同理解也会导致得出不同的结论。

---

① 也有学者将构成要件符合性与违法性要件合称为“不法”要件。

《刑法修正案（九）》通过不久，学界尚未围绕这些问题展开深入讨论，但是，上述问题也并非空穴来风。事实上，在我国刑法规定的转化型抢劫罪、窝藏罪等犯罪中，由于涉及对前罪的理解问题，因而始终存在争议。例如，不属于多次盗窃、入户盗窃、携带凶器盗窃、扒窃且盗窃数额不大的盗窃行为，以及数额不大的诈骗、抢夺行为，是否属于转化型抢劫罪中的"盗窃、诈骗、抢夺罪"？理论上存在不同的观点：有人认为，只有抢夺、盗窃、诈骗了数额较大的财物，才可能转化为抢劫；有人认为，不要求盗窃、诈骗、抢夺行为构成犯罪，但也不包括数额很小的情况；有人认为，不要求盗窃、诈骗、抢夺的数额较大，也不宜排除数额过小的情况[①]。

本书认同"犯罪行为意义上的犯罪"说，理由是：其一，从刑法的用语来看，"犯罪"具有多重含义，并不一定要求符合全部犯罪构成要件。一般来说，犯罪是指具备了成立犯罪的全部条件的行为。但是，犯罪的本质是法益侵害，在此意义上说，只要是侵犯了法益的行为就具备了犯罪的本质。而行为是否侵犯法益，只需要进行客观判断。例如，已满 14 周岁的人杀人，与未满 14 周岁的人杀人，在侵害了他人生命这一法益上没有任何区别。只是出于责任主义与刑事政策的理由，对后者不按照犯罪论处而已。所以，刑法上的"犯罪"（罪），在有的场合就是指构成要件行为，而不是指符合全部构成要件的犯罪。如果不这样理解，刑法中的许多"犯罪"术语就难以得出准确的解

① 参见高铭暄、王作富：《新中国刑法的理论与实践》，河北人民出版社 1988 年版。

释。[①] 其二，信息网络犯罪行为往往要求一定的情节、结果（如网络盗版犯罪中的“违法所得数额较大或者有其他严重情节”）才能构成犯罪，如果把此处的“犯罪”理解为完全符合犯罪构成要件的行为，则会在一定程度上放纵本罪的发生。正如有学者所指出的：在链接网络共同犯罪中，实行犯是虚拟世界中成千上万的“点”，这些“点”或者因网络的虚拟性难以查找或者因数额未达到起刑点而难以定罪。但“网络技术帮助犯”（包括链接服务提供者，下同）却实实在在地客观存在。没有网络技术帮助犯，实行犯的侵权行为难以顺利实施。可以说，在网络世界中，网络技术帮助犯更类似于“组织犯”，它将散布于网络世界中成千上万个“点”组织、聚合起来，其危害性远甚于“点”（实行犯）。[②] 如果要求其组织的“点”达到犯罪情节标准才能对网络技术帮助犯定罪，这无异于要求只有被组织的卖淫嫖娼行为构成犯罪，才能追究组织卖淫罪的刑事责任，这显然是荒谬的。其三，本罪的构成要件要求具备“情节严重”，把“犯罪”理解为犯罪行为意义上的犯罪，并不会导致包括链接服务提供商在内的网络服务提供商动辄得咎的结果。也许有学者会提出，如果被帮助的人仅仅实施了信息网络违法行为，情节轻微难以构成犯罪，而共犯行为（帮助行为）却构成犯罪，会不会违背罪刑均衡原则？本书认为，本罪的成立具有“情节严重”的要求，也就是说，如果其所帮助的全部信息网络违法行为整体来看尚属情节轻微（如次数较少、网络点击量小等），就

---

① 参见张明楷：《刑法学》，法律出版社 2011 年版，第 92 页。

② 参见徐松林：《视频搜索网站深度链接行为的刑法规制》，载《知识产权》2014 年第 11 期。

不应构成犯罪，从而不违背罪刑均衡原则。

基于上述分析，不具备刑事责任能力的人实施的信息网络违法行为、具备刑事责任能力的人实施的达不到特定犯罪情节或者结果要求的信息网络违法行为（如被帮助人实施的侵犯著作权罪没有达到“违法所得数额较大或者有其他严重情节”标准）、被帮助人过失实施的信息网络违法行为、不具有违法性认识可能性的被帮助人实施的信息网络违法行为等，均属于本罪中的“信息网络犯罪”。

4. 罪数问题

本罪规范的是为他人信息网络犯罪提供帮助[①]的行为。在为网络犯罪提供帮助行为的犯罪中，行为人既可能仅仅实施帮助行为，也可能同时参与实施他人的信息网络犯罪行为（参与正犯行为），或者实施帮助行为后，行为人又从事其他的信息网络犯罪行为。不同情形下犯罪行为方式、主观故意均有不同，相应的，罪数关系也有不同。

（1）单纯实施为他人信息网络犯罪提供帮助行为的罪数问题。

该行为毫无疑问构成本罪。但是，本罪设立的刑法理论基础是“共犯行为正犯化”理论，而该理论的一大特色就是承认成立犯罪（本罪）的基础或者前提是存在共犯行为，因此，单纯实施为他人信息网络犯罪提供帮助行为在构成本罪的同时，

① 为他人信息网络犯罪提供帮助的行为，当然包括为他人信息网络犯罪提供网络链接服务的帮助在内。因此，本书关于为他人信息网络犯罪提供帮助的行为的罪数的分析，当然适用于为他人信息网络犯罪提供网络链接服务的帮助行为的罪数的分析。

还构成相关犯罪的共犯行为，对此，如何解决其罪数形态问题？

本书认为，借鉴“共犯的竞合”理论，对此情形原则上按照正犯行为定罪处罚，即按照本罪定罪处罚。以网络盗版为例，如果行为人明知他人设立的网站为盗版音乐网站，应该网站请求，为其提供网络链接等服务，则一方面构成本罪的正犯，另一方面构成侵犯著作权罪的共犯，鉴于刑法已经将为他人实施信息网络犯罪提供帮助行为独立规定为犯罪，因而原则上应将其认定为本罪。

例外的情形是，如果行为人明知他人利用信息网络实施严重的犯罪（如恐怖主义犯罪），而仍提供链接等帮助的，应当按照正犯（本罪）处理，还是按照恐怖主义犯罪的帮助犯处理？不同于前述情形的是，按照本罪处理，有可能罪责刑不相适应：甲实施量刑档次在 10 年以上的恐怖主义犯罪，委托乙利用其成立的网络服务机构从事互联网链接服务发布相关信息。按照本罪（正犯）处理，只能处 3 年以下有期徒刑；但是，如果将乙作为甲的帮助犯处理，即使认定其为从犯，量刑也可能重于按照本罪的正犯量刑（对于帮助犯的处罚规则是“应当从轻、减轻处罚”，恐怖主义犯罪的帮助犯的处罚完全可能在 3 年以上有期徒刑的范围内）。因此，如果按照本罪（正犯）处罚，就有可能罪责刑不相适应。

本书认为，刑法第 287 条之二第 3 款“有前两款行为，同时构成其他犯罪的，依照处罚较重的规定定罪处罚”规定中的“其他犯罪”，既包括其他犯罪的正犯形态，也包括其他犯罪的共犯（帮助犯）形态。如果按照本罪的正犯形态处罚难以做到罪责刑相适应，完全可以适用其他犯罪的共犯形态来处理，从而做到罪责刑相适应，即综合全案事实，即使考虑帮助犯的从轻情节后仍应该在 3 年以上的量刑幅度内量刑的，则可以选择按照他罪的共犯形态予以定罪量刑。

（2）教唆他人利用信息网络实施犯罪行为并提供帮助，或者为他人利用信息网络实施犯罪行为提供帮助并实施该正犯行为的罪数问题。

上述情形属于刑法理论上的“共犯的竞合”，即在共同犯罪中，行为人既实施教唆行为，又与被教唆者共同实施该正犯行为的，或者既实施教唆行为又实施帮助行为的，或者既实施教唆、帮助行为又实施正犯行为的，属于包括的一罪，仅以一罪论处即可①。例如，行为人唆使他人建立链接、利用信息网络实施盗版犯罪，并为其提供技术支持或者收取费用等帮助；或者行为人为盗版网站提供技术支持或者收取费用等帮助，并在该盗版网站上从事盗版活动的；或者行为人唆使他人建立盗版网站后，又为盗版网站提供网络链接等帮助，并在盗版网站上从事盗版活动的；等等。按照“共犯的竞合”这一吸收犯的法理，均应按照一罪定罪处罚。至于是按照本罪定罪处罚，还是按照被帮助、教唆、参与实施的犯罪定罪处罚，仍应遵循“同时构成其他犯罪的，依照处罚较重的规定定罪处罚”的规定。

（3）既实施本罪行为，又利用信息网络从事其他犯罪行为的罪数问题。

行为人既可能明知他人利用信息网络实施犯罪（A 罪）而为其提供帮助（构成本罪），也可能同时利用信息网络实施其他类型的犯罪（B 罪），此时行为人可能同时触犯本罪、A 罪的帮助犯以及 B 罪。对此，对于 A 罪的帮助犯与本罪遵循“同时构

---

① 参见张明楷：《刑法学》，法律出版社 2011 年版，第 433 页。

成其他犯罪的，依照处罚较重的规定定罪处罚”选择罪名，再与B罪进行并罚即可。例如，行为人明知他人利用信息网络实施侵犯著作权罪（A罪），而为其提供网络链接等帮助（构成本罪），同时亲自利用信息网络实施销售侵权复制品罪（B罪），分别构成本罪与侵犯著作权罪（帮助犯）、销售侵权复制品罪。此时，应先选择适用本罪还是侵犯著作权罪的帮助犯（择一重罪处理），然后与销售侵权复制品罪进行并罚即可。

（二）作为拒不履行信息网络安全管理义务罪正犯形态处罚的链接行为

上文讨论了帮助信息网络犯罪活动罪的犯罪构成，主要针对的是设链者明知他人可能利用其链接服务从事违法犯罪活动，而与其勾结起来设置链接（双向意思联络）或者片面提供链接（单向意思联络）情形下的刑法适用问题（这种讨论对一般链接与深度链接的定罪处罚均可以适用）。事实上，在网络链接引起的法律责任问题上，还存在一种情形，即设链者并不明知被链接对象存在违法犯罪信息而设置了链接或者并不明知其链接服务被用于违法犯罪活动的情形。这种情形由于缺乏明知的主观因素，无法构成共同犯罪，无法按照共犯行为（包括片面共犯行为）处理。但是，这种情形的危害是客观存在的，我国相关法律法规还规定了网络服务提供商的作为义务，如果链接服务提供商在接到有关履行义务的要求后拒不履行该义务的，也应该定罪处罚。

在该问题上，《刑法修正案（九）》施行之前，我国一般是按照不作为犯罪进行处理的。而在《刑法修正案（九）》施行之后，由于《刑法修正案（九）》增设了拒不履行信息网络安全管理义务罪，则可以按照拒不履行信息网络安全管理义务罪定罪处罚。《刑法修正案（九）》前后的处理规则显然不同，因此有必要分开研究。

1.《刑法修正案（九）》施行之前按照不作为犯罪定罪处罚及其争议

（1）按照不作为犯罪定罪处罚的法律依据。

2009 年 12 月 26 日，第十一届全国人大常委会第十二次会议通过了侵权责任法，该法第 36 条专门规定了网络侵权（包括链接侵权）的民事责任，由此将网络服务提供商的不作为义务法定化了，这也意味着链接服务提供商的不作为义务被法定化。根据侵权责任法规定，网络链接服务提供商的侵权责任分为两种：一是网络链接服务提供商在被通知采取删除、屏蔽、断开链接等措施时未及时采取必要措施的，与网络用户承担连带责任；二是网络链接服务提供商未被侵权人通知时承担侵权责任的情形。根据侵权责任法规定，链接服务提供商具有事后移除义务，这可以成为链接服务提供商构成不作为犯罪违反的法定义务之一。

司法解释也采取这一立场。2010 年颁行的最高人民法院、最高人民检察院《淫秽电子信息解释（二）》第 8 条明确规定，具有下列情形之一的，应当认定行为人“明知”，但是有证据证明确实不知道的除外：……（2）接到举报后不履行法定管理职责的……[①]我国《信息网络传播权保护条例》第 23 条、第 25 条规定了“警告加移除”机制。基于此，链接服务提供商为链接

① 于志刚：《搜索引擎恶意链接行为的刑法评价》，载《人民检察》2009 年第 12 期。

行为承担刑事责任的基础，在通常情况下可以不作为犯罪理论为基础。也就是说，如果链接服务提供商事后拒不删除、拒不断开链接等不作为行为达到情节严重程度的，对其加以刑法评价是可以理解的。例如，如果某网站明知其所链接的网页充斥了色情内容，在得到有关主管机关的通知后仍然拒不断开链接，对于这种明知故犯的行为，可以认为其以不作为的形式传播了淫秽物品，可以定性为（不作为形式实施的）传播淫秽物品罪。

（2）按照不作为犯罪理论定罪处罚存在的问题。

按照不作为犯罪的思路，也存在很多难以克服的问题。在轰动全国的“快播案”中，有论者提出，快播作为便利播放淫秽视频的技术提供者，没有清除或阻止他人观看淫秽视频，因而是一种放任和纵容淫秽视频传播的行为，是以不作为的方式来传播淫秽视频。① 但另有论者提出，以不作为犯罪理论来支持控罪将陷入“不作为义务来源”的理论泥淖：依据不作为传统理论框架，因无法说明“不作为义务来源”而无法提供充分的论证；如果因一罪适用而突破“不作为义务来源”的传统理论框架，将后患无穷。该论者同时对此做了深入分析：不作为犯罪是指“应为、能为、不为”，行为人对其在“应为”“能为”的情况下“不为”造成的危害后果应当承担责任，但是在“快播案”中很难得出不作为犯罪的理论依据：其一，从“能为”的角度来看，“不作为犯罪”的构成不能强人所难，不能要求他人完成客观不能的义务。因此当辩方主张“以现在的技术，播放器无法分辨一个视频是好是坏”时，控方几乎失去反驳的余

① 参见陈兴良：《快播案一审判决的刑法教义学评判》，载《中外法学》2017 年第 1 期。

地；其他诸如要求公司转型以避免危害结果等的要求都是缺乏法律依据的要求（正如辩方所言：既然中国移动也在传播淫秽电子信息，为什么不要求中国移动进行转型呢?）。其二，从“应为”的角度来看，“不作为犯罪”的前提是行为人具有作为的义务。如果快播有义务阻止淫秽物品的播放，那么电信是否有义务阻止电信诈骗的发生，辩方的类比式辩驳在逻辑上是严密的。要以不作为犯罪来入罪，必须论证快播具有阻止淫秽物品出现或播放的义务。但是，在当时的立法框架下，义务来源是难以论证的。[①] 更何况“快播案”辩方还补充了“110 屏蔽系统”，主张被告没有“不为”，危害后果的发生系因客观的技术能力限制所致。[②] 该论述虽然是针对网络平台的不作为犯罪问题展开的研究，但同样适用于网络链接行为不作为犯罪构成中存在问题的分析。

因此，在拒不履行信息网络安全管理义务罪增设前，按照不作为犯罪理论处理网络链接服务提供商的行为，虽然存在法

---

① 若以《刑法修正案（九）》规定的网络服务提供者对他人传播淫秽信息要承担安全管理的义务来认定，但是“快播案”发生在《刑法修正案（九）》施行前，《刑法修正案（九）》不能作为入罪依据；若以具有“法定义务”为前提，认为快播作为网络服务提供者，按照法律规定，其有清除淫秽视频净化网络空间的义务。但是，虽然理论通说中认为“法律义务”是不作为犯罪的义务来源，却不是所有法律规定的义务都可以直接转化为刑法义务。将层次较低的法律义务直接上升为刑法义务，是对不作为义务来源问题在法理上的重大“突破”，也违背不作为犯罪行为与作为犯罪行为的等价性原则。参见毛玲玲：《传播淫秽物品罪中“传播”行为的性质认定》，载《东方法学》2016 年第 2 期。

② 毛玲玲：《传播淫秽物品罪中“传播”行为的性质认定》，载《东方法学》2016 年第 2 期。

律和司法解释上的依据，但是在实践操作中存在多种困难，理论上还存在不少难以克服的障碍。

2.《刑法修正案（九）》施行之后不作为犯罪的制裁思路：拒不履行信息网络安全管理义务罪的增设

针对以不作为形式实施的网络链接等网络平台违法犯罪行为，《刑法修正案（九）》在综合平衡网络服务主体履行义务的能力与加大社会秩序法益保护的基础上增设了拒不履行信息网络安全管理义务罪。刑法第286条之一规定："网络服务提供者不履行法律、行政法规规定的信息网络安全管理义务，经监管部门责令采取改正措施而拒不改正，有下列情形之一的，处三年以下有期徒刑、拘役或者管制，并处或者单处罚金：(一) 致使违法信息大量传播的；(二) 致使用户信息泄露，造成严重后果的；（三）致使刑事案件证据灭失，情节严重的；(四) 有其他严重情节的……"

根据该罪的犯罪构成，网络服务提供商（包括各种网络共享平台、搜索服务提供商、链接服务提供商等）在明知自己负有信息网络安全管理义务而不履行，在经监管部门通知采取改正措施后仍拒绝执行，造成法定后果（如盗版网络视频等违法信息大量传播以及其他严重情节），网络服务提供商应当承担刑事责任。在网络服务提供商拒不履行信息网络安全管理义务的犯罪构成中，值得研究的有以下几个问题：

(1) 网络服务提供者的理解问题。

网络服务提供者（Internet service Provider，ISP）这一术语，

首先见于侵权责任法第 36 条的规定中。[①] 但是，侵权责任法只规定了网络服务提供者的责任承担方式，并未规定何为网络服务提供者。《刑法修正案（九）》在刑法中率先使用了网络服务提供者这一术语，但未规定其具体含义。

从我国学者对该术语的表述来看，网络服务提供者既可以在广义上使用，也可以在狭义上使用。广义上的网络服务提供者，泛指一切提供网络服务的个体和组织，既包括网络信息提供者，也包括中介服务提供者，如网络内容提供者、网络技术服务提供者、上传数据的网络用户以及其他参与网络服务的个体和组织；狭义上的网络服务提供者，专门指为网络信息传播提供技术支持和服务的主体，即所谓的网络技术服务提供者。[②] 由于广义上的网络服务提供者与狭义上的网络服务提供者含义都比较模糊，也有学者提出，使用描述性语言来认定网络服务提供者的内涵与外延是一种较为妥当的思路。如有学者提出，就其外延而言，根据网络服务的具体内容，可以分为网络接入服务提供者、网络平台服务提供者、缓存服务提供者、网络内

① 侵权责任法第 36 条规定，网络用户、网络服务提供者利用网络侵害他人民事权益的，应当承担侵权责任。网络用户利用网络服务实施侵权行为的，被侵权人有权通知网络服务提供者采取删除、屏蔽、断开链接等必要措施。网络服务提供者接到通知后未及时采取必要措施的，对损害的扩大部分与该网络用户承担连带责任。网络服务提供者知道网络用户利用其网络服务侵害他人民事权益，未采取必要措施的，与该网络用户承担连带责任。

② 参见丛立先：《论网络服务提供者的版权侵权责任》，载《时代法学》2008 年第 1 期。

容服务提供者、访问软件服务提供者等。①

本书认为，从刑法上理解网络服务提供者，应注意以下几个问题：一是在网络服务提供者的广义与狭义问题上，随着网络技术的飞速发展，网络服务的种类呈现出多样化、不确定化（现在难以预料的发展方向）的发展趋势，如果仅作狭义理解，势必自缚手脚，难以适应网络技术的发展趋势。因此，应当采用广义上的含义，即涵盖一切的提供网络服务的网络经营者，既包括个人也包括单位。根据这个思路，在 ISP 与 ICP（网络内容提供者）之间的关系问题上（前者是否包括后者的问题上），一般认为，ISP 是为上网提供技术基础支撑的网络服务提供者，我国比较著名的 ISP 有中国电信、中国网通、中国移动等，而 ICP 则是借助了 ISP 提供的各种技术服务而为用户提供各种信息服务，国内比较知名的 ICP 有新浪、搜狐、百度等。由此看来，完全没有理由将 ICP 排除在网络服务提供者的范围之外。当然，本书采用广义上的网络服务提供者术语，并非意味着狭义的网络服务提供者术语就弃之不用。事实上，在特定的环境下，狭义的网络服务提供者还是有其存在价值的。例如，在专门讨论网络技术服务提供者的刑事责任问题上，实际上就是讨论狭义上的网络服务提供者。本书主要研究的网络链接服务提供者即属于狭义上的网络服务提供者。二是就与《侵权责任法》（现《民法典》侵权责任编，下同）、《互联网信息服务管理办法》等民事、行政法律法规关于网络服务提供者的解释的关系而言，刑法对网络服务提供者的解释应具有相对的独立性。这个问题

---

① 参见涂龙科：《网络服务提供者的刑事责任模式及其关系辨析》，载《政治与法律》2016 年第 4 期。

涉及刑法与其他部门法的关系，较为复杂。在学术界，一向存在刑法独立性说与刑法从属性说的对立，现在居于主导地位的是刑法独立性说。按照刑法独立性说，对于网络服务提供者的解释，原则上应当与《侵权责任法》《互联网信息服务管理办法》中的认定标准一致，只有当遵循相应民事法律、行政法律标准不利于保护法益时，才立足于刑法自身的规范目的进行独立判断。例如，根据侵权责任法第 36 条的规定，网络用户与网络服务提供者是并列的主体，因而从体系解释的原理来看，网络用户并不在网络服务提供者的范围之内，但当这两者的身份重合（网络用户本身也是网络服务提供者）时，从刑法的规范目的出发，应当将网络用户解释为网络服务提供者。①

（2）不作为犯罪的义务来源问题。

从本罪罪名即可看出，本罪是明显的不作为犯罪，其不作为犯罪的义务来源是“法律、行政法规规定的信息网络安全管理义务”。而所谓“法律、行政法规规定的信息网络安全管理义务”，在当下主要是指法律层面的全国人大常委会《关于维护互联网安全的决定》、《电子签名法》、全国人大常委会《关于加强网络信息保护的决定》、《网络安全法》，以及行政法规层面的《计算机信息网络国际联网管理暂行规定》、《互联网信息服务管理办法》、《信息网络传播权保护条例》、《出版管理条例》等规定的信息网络安全管理义务。

此外，我国一些行业主管部门、司法机关制定了一些部门

---

① 李世阳：《论网络服务提供者的刑事责任——立足于刑法第 286 条之一的解释》，中国社会科学院 2016 年度“网络犯罪的刑事立法与刑事司法前言问题学术研讨会”会议论文集。

规章或者司法解释，对信息网络安全管理义务进行了细化规定或者作了进一步的解释。虽然从制定主体来看，规章、司法解释不属于“法律、行政法规”，但是细化规定或者进一步的解释只要与“法律、行政法规规定的信息网络安全管理义务”不相冲突，或者得到“法律、行政法规”明确的授权，也可以作为理解与认定“法律、行政法规规定的信息网络安全管理义务”的重要参考。

上述“法律、行政法规规定的信息网络安全管理义务”种类繁多，本书仅以网络出版行业为例，对网络服务提供商需要承担的信息网络安全管理义务加以说明。当前我国网络服务提供商需要承担的信息网络安全管理义务主要包括两大类：一大类是网络出版物内容安全的管理义务（如不得泄露国家秘密、危害国家安全或者损害国家荣誉和利益，不得侵犯版权等）；另一大类是网络出版活动安全的管理义务（也可以理解为网络出版时应当履行的程序性义务，如“记录备份所登载或者发送的作品内容及其时间、互联网地址或者域名，记录备份应当保存60日，并在国家有关部门依法查询时，予以提供”等）。其中，与链接服务提供者相关的是，如果其明知网络出版物内容存在泄露国家秘密、危害国家安全或者损害国家荣誉等行为，则必须及时断开链接，否则就需要承担相应的法律责任。其他行业也存在类似的“法律、行政法规规定的信息网络安全管理义务”，其具体内容不一，需要进一步条分缕析。

（3）“经监管部门通知采取改正措施而拒绝执行”的理解问题。

构成本罪，不仅需要行为人不履行“法律、行政法规规定的信息网络安全管理义务”，还需要具备“经监管部门通知采取改正措施而拒绝执行”以及四种法定情形之一。这样，“经监管部门通知采取改正措施而拒绝执行”就成为本罪的构成要件之一，并由此派生以下几个问题：“责令采取改正措施”的性质是什么？如何认定所谓的“拒不改正”？在追究网络服务提供者的责任时，行政处罚是否必须前置于刑事处罚？“经监管部门通知采取改正措施而拒绝执行”对于本罪的成立而言是一种客观处罚条件，还是不可或缺的构成要件要素？①

关于“责令采取改正措施”的性质，我国法学界存在行政处罚说②、行政强制措施说③、行政命令说④、区别对待说⑤等不同观点。根据规范互联网秩序的法律与行政法规关于网络服务提供者在违反安全管理义务时的法律后果，将“责令改正”理解为上述的作为行政处罚的前置条件以及作为行政处罚的加重条件情形，在性质上属于行政命令更为科学。⑥

关于“监管部门”的认定问题，我国有关法律、行政法规

---

① 李世阳：《论网络服务提供者的刑事责任——立足于刑法第 286 条之一的解释》，中国社会科学院 2016 年度“网络犯罪的刑事立法与刑事司法前言问题学术研讨会”会议论文集。

② 参见李岳德主编：《〈中华人民共和国行政处罚法〉释义》，中国法制出版社 1996 年版，第 89 页。

③ 参见梁凤云：《最高人民法院行政诉讼批复答复解释与应用》（法律适用卷），中国法制出版社 2011 年版，第 402 页。

④ 参见何建贵：《行政处罚法律问题研究》，中国法制出版社 1996 年版，第 172 页。

⑤ 参见夏雨：《责令改正之行为性质研究》，载《行政法学研究》2013 年第 3 期。

⑥ 李世阳：《论网络服务提供者的刑事责任——立足于刑法第 286 条之一的解释》，中国社会科学院 2016 年度“网络犯罪的刑事立法与刑事司法前言问题学术研讨会”会议论文集。

在规定信息网络安全管理义务的同时都会明确监管部门以及监管部门履行监管义务的程序（时限、条件等）。例如，《互联网出版管理暂行规定》规定新闻出版总署，省、自治区、直辖市新闻出版行政部门负责监督互联网出版管理工作，相应的，新闻出版总署以及省级新闻出版行政部门就是网络出版的监管部门。再如，根据《互联网信息服务管理办法》第18条的规定，国务院信息产业主管部门和省、自治区、直辖市电信管理机构，依法对互联网信息服务实施监督管理。新闻、出版、教育、卫生、药品监督管理、工商行政管理和公安、国家安全等有关主管部门，在各自职责范围内依法对互联网信息内容实施监督管理。相应的，上述国务院信息产业主管部门和省、自治区、直辖市电信管理机构，新闻、出版、教育、卫生、药品监督管理、工商行政管理和公安、国家安全等有关主管部门就是此处的“监管部门”。非法律、行政法规规定的监管部门不属于此处的“监管部门”。

关于“拒绝执行”的认定问题，应注意以下几点：其一，应限于在规定期限内没有执行相关措施，并不限于是否明示拒绝执行；其二，“拒绝执行”主要是看网络服务提供者是否认真执行相关措施，不能“唯结果论”；其三，“法律不强人所难”，如果网络服务提供者接到改正措施的通知以后，在现有技术下难以执行的，不属于本罪中的“拒绝执行”。

（4）本罪法定结果的理解问题。

本罪的行为构造是：网络服务提供者负有法定的网络安全管理义务—拒不履行该义务—监管部门责令采取改正措施—仍

然拒不履行—由此导致构成要件结果的发生。[①] 因此，即使网络服务提供者违反了法定的安全管理义务，并且经监管部门责令采取改正措施而拒不改正，也不意味着直接构成犯罪，只有当因拒不采取改正措施而造成本罪所规定的严重后果产生时，才最终符合本罪的构成要件。既然如此，这四种情节就是一种构成要件要素，而不是结果加重犯中的加重情节。在这四种情节中，本书着重探讨“致使用户信息泄露，造成严重后果”的问题。在该项规定中，如何界定“用户信息”以及“严重后果”的范围成为核心问题。

最高人民法院、最高人民检察院和公安部于 2013 年 4 月 23 日联合发布的《关于依法惩处侵害公民个人信息犯罪活动的通知》（以下简称《通知》）中对公民个人信息的范围作了简要阐释：“公民个人信息包括公民的姓名、年龄、有效证件号码、婚姻状况、工作单位、学历、履历、家庭住址、电话号码等能够识别公民个人身份或者涉及公民个人隐私的信息、数据资料。”应该说《通知》对个人信息的界定是明确的。但是，值得注意的是，随着科学技术的不断发展，信息的形式更加新颖和多样化，如手机定位信息和大数据信息、人脸识别信息，能否把这些信息纳入个人信息范围？换句话说，手机定位信息是否属于公民个人信息？我们通常所熟知的都是在一定时间段内相对稳定的静态信息，而手机定位则具有较大的灵活性，甚至时时变动，而且利用手机定位也不能直接识别出特定的个人，因

---

① 李世阳：《论网络服务提供者的刑事责任——立足于刑法第 286 条之一的解释》，中国社会科学院 2016 年度“网络犯罪的刑事立法与刑事司法前言问题学术研讨会”会议论文集。

此从这一层面上讲其似乎并不属于公民个人信息。但不可否认的是，手机定位在每个时间点上都具有一定的利用价值，它记录了我们日常生活的行动轨迹，在与其他的信息相结合的情况下也是能够获悉行为人所需要的个人信息的，因此，手机定位是否属于公民个人信息还需要审慎研究。再如，最近较为流行的淘宝大数据，即购物网站通过购物记录对顾客的某些信息加以预测，如是否具有同性恋倾向、是否患有某种私密疾病等，如果预测准确，那么对于信息主体的人格尊严还是具有较大杀伤力的，而且这一信息也极易被不法分子利用实施敲诈勒索等违法犯罪行为，因此在对公民个人信息进行定义时一定要对其给予足够重视。

还需要注意的是，按照体系解释的原理，本罪中的“用户信息”与“违法信息”不应完全相同。这里的“用户信息”只能是网络用户在注册账号或使用网络平台过程中所留下的客观、中性的信息，其本身并不违反任何法律法规，但该信息一般仅仅由网络用户所拥有或知悉，法律保护其不暴露于公众的视野之下。①

本项中的“造成严重后果”也是本罪的构成要件结果之一，而不是结果加重犯中的加重结果，也不是客观处罚条件。也就是说，严重后果是本罪的不法要素。因此，如果网络链接服务提供者因不履行安全管理义务而致使用户信息泄露，但没有“造成严重后果”，是难以直接将其认定为犯罪的。这种情形基本上被视为行政违法行为，网络链接服务提供者所承担的责任也止于行政责任，而不是承担刑事责任。

① 李世阳：《论网络服务提供者的刑事责任——立足于刑法第 286 条之一的解释》，中国社会科学院 2016 年度“网络犯罪的刑事立法与刑事司法前言问题学术研讨会”会议论文集。

第四章　深度链接行为的刑法规制

深度链接与一般链接在构成违法犯罪问题上既有相同点，也有不同点。相同点在于如果明知被链接对象构成侵权或者违法犯罪而仍提供网络链接行为，则一般链接设链者和深度链接设链者都可能构成犯罪（至于相互勾结共同实施违法犯罪行为，当然构成共同犯罪行为），一般链接和深度链接也都能成为煽动类犯罪、传播类犯罪的正犯行为。不同点在于如果被链接对象是合法作品或者并非被禁止传播的电子信息，提供一般链接的行为是合法行为，不构成任何犯罪，甚至还是法律所鼓励的行为；而提供深度链接的行为则可能是非法行为，具体来说是侵犯合法作品的著作权的行为，如果符合其他构成要件的，仍然可能构成犯罪。如以 A 公司（版权所有人）与 B 公司（搜索引擎服务提供商）深度链接纠纷案为例，B 公司对 A 公司的网络视频提供了深度链接，其中 A 公司的网络视频均为正版作品。该做法对 A 公司的危害在于，A 公司花费数亿元购买的视频被 B 公司以深度链接的形式进行了播放，视频虽然存储在 A 公司服务器上，但是在 B 公司提供的链接上可以观看，而且画面上并不显示 A 公司的地址栏，使得网络用户以为是在观看 B 公司的视频，进而大笔的广告费落入了 B 公司的腰包，而 A 公司却是为别人做嫁衣。A 公司认为 B 公司的深度链接行为侵犯了 A

公司网络视频的著作权，因而提起诉讼。可见，一般链接行为构成侵权或者违法犯罪，以被链接对象自身存在违法犯罪行为为前提；而深度链接行为构成侵权或者违法犯罪，则不以被链接对象自身存在违法犯罪行为为前提。即使被链接对象内容完全合法，提供深度链接者也可能构成违法犯罪行为。

鉴于在被链接对象存在违法犯罪电子信息的情况下，深度链接与一般链接行为都可以构成犯罪、深度链接在构成犯罪问题上并无特殊之处，而在被链接对象是合法电子信息时则深度链接可能构成犯罪、一般链接行为不构成任何犯罪。因此，研究深度链接的刑法规制问题，重点就在于研究被链接对象是合法电子信息（主要是作品）的情况下，提供深度链接行为是否构成侵犯著作权犯罪的问题。该问题与深度链接技术密切相关，因此本书将在全面介绍深度链接行为技术原理的基础上再展开讨论。

第一节　深度链接的技术原理与侵权模式

网络链接是网络技术飞速发展的产物，对网络链接的法律规制离不开对链接技术的准确把握。在网络链接技术中，深度链接技术更为复杂，更新换代也更为迅速。因此，有必要先对深度链接的技术原理加以分析。在深度链接引起的违法犯罪争议中，尤以视频网站的深度链接引起的争议最为频繁、激烈。因此，本书也以视频网站深度链接的技术原理为例加以说明。

一、深度链接侵权的技术原理

视频网站深度链接的技术运作过程是：在设链网站中，在线的网络公众点击欲欣赏（观看）的视频，接到指令后，设链网站把在线的网络公众的这一需求传达给自身的服务器，该服务器径行在互联网上实行检索、获取，同时解构视频地址，再由设链者向该视频地址传递探访命令，被链者的服务器在接收到该命令后把视频文件传输到设链网站上放映。[①]

在上述技术运作过程中，视频网站深度链接通常呈现以下技术特征：其一，广泛采用嵌入式加框技术，径行攫取被链网站除去主页以外的深层网页，抑或是径行攫取被链网站主页以下的资源库中的内容，实质性地直接应用被链网站的内容；其二，从互联网在线公众的主观感觉层面判断，以上全部操作皆在设链者的网站里面实现，虽然第三方网站的信息也许会被呈现在被链接内容的网页上，但是，互联网在线公众往往无法确切知悉链接引入了第三方网站。[②]

这类网络服务提供者通常只提供链接服务或其他技术服务，自己不上传或者服务器上不存储视频作品，其通常的营运模式是：免费提供网络链接，网络用户可通过网站视频播放器免费观看其他视频网站的海量视频作品。因为免费，该类视频网站可以轻松获得大量点击因而受到风险投资基金和广告商的青睐，其真实收益来自广告费和风险投资基金或资本市场上被推高的股价。[③]

---

① 吕长军：《视频客户端盗链的侵权模式及法律责任分析》，载《电子知识产权》2014 年第 5 期。

② 付国华、雷艳珍：《深度链接提供者版权侵权认定》，载《湖北经济学院学报》2012 年第 2 期。

③ 徐松林：《以刑释罪：一种刑法实质解释方法》，法律出版社 2015 年版，第 210 页。

二、深度链接侵权的行为模式

如果从 P2P[①] 技术架构模式上分析，目前我国的视频网站深度链接侵权行为主要有以下几种模式[②]：

第一种模式是对被链方服务器上的非公开传播的侵权作品设置深度链接，即被链服务器并没有向公众开放，具体而言，被链网站没有向公众敞开，这类网站通常只有服务器，没有暴露于大众的域名与网址，公众不能凭借输入网址的方式追寻到此类网站，其服务器上储存着数目众多的侵犯著作权的影视作品，除非利用类似快播公司的视频播放器 QVOD[③] 等特定软件对该被链网站设链并采集、抓取其影视作品，否则公众无法获得服务器中的作品。通过借助于特殊软件的支持，设链者通过深度链接技术连接被链网络服务器。这样，网络用户在设链网站上点击设链的标题或者图标访问被链服务器，可以在不经过跳转至存储作品的被链网站服务器这一程序而在线一键式直接打开被链网站的影视作品。

第二种模式是对对外开放的网站公开传播作品的深度链接。

---

① P2P 网络允许一大群的电脑使用者通过相同的软件与其他每个计算机使用者连接并直接在另一个使用者的电脑硬盘中存取信息或作品。通过中央服务器（a mediating server）在他们彼此的电脑之间直接地相互通讯以及交换文件。

② 参见赖江林：《视频网站加框链接侵害著作权的刑法规制研究》，华南理工大学 2016 年硕士学位论文，第 8、9 页。

③ 快播公司的视频播放器 QVOD 是利用了 P2P 技术，与 BT 协议相容的视频点播软件，不仅具有边下载边播放的功能，还支持 WEB 线上点播。参见权成宇：《播放器经营方式及其侵权责任分析》，载《中国版权》2010 年第 3 期。

具体而言，被链网站是面向广大公众传播涉嫌侵权的影视作品的网站，而设链网站通过深度链接技术对此种网站上未获著作权人许可的侵权影视作品设置了定向链接，在设链网站上直接完整地显示他人上传至被链网站的涉嫌侵权的影视作品。

第三种模式是设链者借助技术支持的手段和小型盗版网站或网络服务器共同侵权模式，即作为设链者的大型搜索类视频网站，其借助互联网供给快速建立视频网站的软件系统，如“光线 CMS 系统”①，网络用户使用该软件建设小型视频网站，然后肆意上传大量侵权作品，设链者对侵权网站再设置深度链接，设链者的视频播放器归小型盗版网站使用，最终设链者与被链者通过广告联盟对广告收益进行分成。② 这种模式又称为聚合类设链网站侵权模式，其侵权模式与前些年的秀水街侵权模式具有相似性。

第四种模式是在没有取得被链网站许可的情况下，设链者擅自设置深度链接行为的情况。在此类模式中，设链网站故意

① “光线 CMS 系统”是一键式采集建立完整的视频库，并使用百度的视频种子文件存储、分发服务器，而百度则以定向链接方式为这些网站导入流量，并最终通过百度广告联盟结算为其提供广告费分成。参见战宇：《百度影音与快播盗版侵权案的思考》，载《软件工程师》2014 年第 3 期。

② 徐松林：《以刑释罪：一种刑法实质解释方法》，法律出版社 2015 年版，第 220 页。

规避科技保护措施①或者违反 Robots 协议，通过“搜索爬虫”②以深度链接方式直接呈现、嵌套播放被链接的正版视频网站服务器上的影视作品，而不显示作品的权利人标志。

根据上文的描述，显然前三种侵权模式中构成犯罪的机理与一般链接构成犯罪的机理并无实质性不同，因而本书不再作进一步的研究。第四种模式是深度链接独有的侵权行为模式，是下文重点研究的对象。

第二节 深度链接正版作品的社会危害性

深度链接正版作品具有严重的社会危害性，对此可以从不同角度加以论证。

一、受害主体广泛

从受害主体来看，除了设链者以外，被链接者、网络用户和著作权人均会成为受害者。

在深度链接行为中，一般涉及设链者、被链接者、网络用户和著作权人（包含原著作权人和经过授权取得信息网络传播权的权利人）四方。其中被链接者可能就是著作权人或者得到

---

① 《信息网络传播权保护条例》第 26 条对技术措施作出了明确的定义：技术措施，是指用于防止、限制未经权利人许可浏览、欣赏作品、表演、录音录像制品的或者通过信息网络向公众提供作品、表演、录音录像制品的有效技术、装置或者部件。

② “搜索爬虫”又称“网络爬虫”或者“搜索引擎爬虫”，其本质是一系列的计算机程序，它通过分析网络路径获取相应的网页信息，搜索引擎呈现的所有信息都是由爬虫获取的。

著作权人授权的人，对其可以视为著作权人。因此，以上四方即可以简化为三方当事人。在这三方关系中，设链者一般是侵权者，被链接者（著作权人）通常是被害者，而网络用户短期来看通常也是侵权者，但是从长期来看可能会成为受害者。

当深度链接的是正版作品时，设链者未通过著作权人许可而事实上向网络用户传播作品，在自身页面上提供一站式服务（搜索、在线观看）。网络用户能够直接在设链网站获得被链网站的正版作品，网络用户似乎没有受到直接的负面影响，无论是观看的便捷程度还是观看的质量，甚至远胜于一般链接。但是，在设链网站即可以看到享有著作权的作品，而且设链网站往往是搜索引擎服务提供商，只要输入搜索指令，任何作品均可以被搜索到并提供链接标志，如此，网络用户就会越发依赖设链网站，增加设链网站的访问量和点击量，进而增加设链网站的广告收入；而且，由于在深度链接模式中，设链网站并不存储正版作品因而不需要支付版权费，因而可以说是一本万利的买卖。但是，深度链接对于被链网站（著作权人）则造成了巨大打击。网络用户增加对设链网站的依赖，进而增加点击量和访问量，同时就会减少对被链正版网站的点击量和访问量。互联网经济具备“注意力经济”的特征，经营性网站的受访量越大，其得到的经济收益就越大，访问量的减少会直接降低被链网站获得广告投放、会员收费以及从事增值服务的机会。简言之，原始著作权人的对外授权利益、被链正版网站的商业利益，均容易受到视频网站设置深度链接的侵害。[①]

---

① 石必胜：《论链接不替代原则：以下载链接的经济分析为进路》，载《科技与法律》2008 年第 5 期。

总之，在设置深度链接的情况下，受益最大的是设链者，而受损最大的是被链接者。网络用户似乎没有受到影响。但是，如果深度链接模式持续下去，被链接者持续受损而不愿意购置正版作品，则设链者将会无从设链从而无从提供链接正版作品，最终网络用户也会受损。正如崔国斌教授所指出的，“深度链接架空了著作权人对作品的传播控制，危害著作权人的合法权益，同时深度链接带给公众的利益较为有限且并非必不可少，故规制深度链接具有正当性和必要性”。① 可以说，对于深度链接行为的社会危害性已经取得共识。

二、侵害行为具有倍增效应

侵害行为具有倍增效应，因而相对于普通用户的行为，其危害性更大。

网络服务提供商的深度链接行为具有比普通用户的侵权行为更为严重的社会危害性。这是因为深度链接行为可以将大量分散的侵权作品积聚在同一个网站上，具有社会危害性的叠加和倍增效应。实践中大多数网络用户都是分散的个体，他们实施直接上传作品行为的危害性一般都无法达到侵犯著作权犯罪的程度，但深度链接可以使成千上万的侵权违法行为聚集在同一个网络平台之上，由此产生的“倍增效应”，无论是对著作权人合法权益的侵害，还是对互联网络公共秩序的破坏，都远远超过单个互联网普通用户的行为。

---

① 崔国斌：《加框链接的著作权法规制》，载《政治与法律》2014 年第 5 期。

三、设链者在侵权中居于核心地位

与网络用户的侵权具有偶然性、低技术含量性、非职业性的特点相比，网络链接服务提供商的侵权行为具有职业性、持续性、高技术含量性和不特定性（“一对多”）的特点。网络链接服务提供商面向的是大量不特定的网络用户，其给网络用户提供的是职业化、持续的技术帮助。在侵权作品传播中，网络链接服务提供商并不是处于从属于网络用户的地位，而是处于信息网络传播的核心。可以说，在整个侵权环节，网络链接服务提供商扮演了领头羊的角色。

第三节　深度链接行为刑法规制中的疑难问题

深度链接行为具有较为严重的社会危害性，这一点可以说已形成共识。接下来需要探讨的问题是，深度链接行为是否可以构成侵犯著作权犯罪？这里的关键问题有两个：第一个问题是深度链接行为是否为刑法上的复制发行行为。第二个问题是如何理解与认定侵犯著作权犯罪中“以营利为目的”的问题。

一、深度链接行为与刑法上的复制发行行为的关系

深度链接行为与刑法上的复制发行行为的关系问题比较复杂，本书先从典型案例引入，对该问题展开研讨。

（一）典型案例引发的争议

1. 基本案情

2009 年年底，被告人张某某申请注册网站域名后设立 www.1000ys.cc 网站（网站名称为“1000 影视”），并在浙江某地租用服务器，通过安装相关软件，完成网站和服务器的连接。后张某某未经著作权人许可，通过 www.1000ys.cc 网站管理后台，链接至哈酷资源网获取影视作品的种子文件索引地址，以设置目录、索引等方式向用户推荐作品，并通过强制提供 QVOD 播放软件等方式，为 www.1000ys.cc 网站用户提供浏览、下载上述影视作品的网络服务。经鉴定，上述侵权作品多达 940 余部。2010 年 2 月，张某某加入百度广告联盟，由百度广告联盟在 www.1000ys.cc 网站上发布各类广告，获得广告收益 10 万余元。

公诉机关指控被告人张某某的行为构成侵犯著作权罪，提请人民法院依照刑法第 217 条，最高人民法院、最高人民检察院《关于办理侵犯知识产权刑事案件具体应用法律若干问题的解释》第 5 条、第 11 条之规定对其予以处罚。

上海市普陀区人民法院经审理认为，被告人张某某以营利为目的，未经著作权人许可，发行（通过信息网络向公众传播）影视作品达 941 部，情节严重，构成侵犯著作权罪，判处其有期徒刑 1 年 3 个月，缓刑 1 年 3 个月，并处罚金人民币 3 万元。一审判决后，被告人未上诉。

2. 主要争议

本案属于通过深度链接侵犯著作权的行为，这种行为是否构成侵犯著作权罪，如何进行刑法规制，司法实践中存在较大争议。

有观点认为，深度链接行为是帮助型的间接信息网络传播行为，属于间接侵犯信息网络传播权，可上升为侵犯著作权等犯罪行为。最高人民法院、最高人民检察院《关于办理侵犯知识产权刑事案件具体应用法律若干问题的解释》第 11 条第 3 款规定的“通过信息网络向公众传播他人作品的行为”包括直接传播和间接传播两种行为，深度链接行为属于信息网络传播行为，可以适用上述规定认定构成侵犯著作权罪。①

有观点提出，从著作权法修订至今，我国的刑法经历了多次修正，每次修正案都未对侵犯著作权罪的行为方式进行修订补充，说明立法者认为信息网络传播侵权行为还不足以需要以刑法规制。立法者的审慎态度也应该反映到司法实践中，虽然司法解释将通过信息网络向公众传播他人作品的行为视为复制发行，但在适用的时候应当严格解释“信息网络传播行为”，不能进一步将深度链接行为扩大解释为一种侵犯著作权的行为。②

也有观点认为，深度链接行为非间接侵权，应当以用户的感知作为判断网络服务提供者是否实施了信息网络传播行为的标准。即使网络服务提供者仅仅对第三方网站中的内容设置深度链接，只要用户误认为该内容直接来自设置链接的网络服务提供者，就可以认定其未经许可提供了内容，构成直接侵权，情节严重的构成侵犯著作权罪。③

---

① 参见凌宗亮：《深度链接侵权影视作品是否构成侵犯著作权罪》，载《人民法院报》2014 年 9 月 11 日第 7 版。

② 参见凌宗亮：《深度链接侵权影视作品是否构成侵犯著作权罪》，载《人民法院报》2014 年 9 月 11 日第 7 版。

③ 参见凌宗亮：《深度链接侵权影视作品是否构成侵犯著作权罪》，载《人民法院报》2014 年 9 月 11 日第 7 版。

（二）本书的观点

本书认为，上述争议的核心在于如何认识深度链接行为与刑法上的复制发行行为的关系问题。[①] 如果认为深度链接行为本身就是复制发行行为，则不需要借助共犯理论，即可以解决定罪处罚问题；如果不认为是复制发行行为，则只能借助共犯理论才能解决。对该问题，一般是分两个步骤来研究的：第一步，链接行为与信息网络传播权的关系；第二步，信息网络传播行为与刑法上的复制发行行为的关系。

1. 深度链接行为与信息网络传播权的关系

研究深度链接行为与信息网络传播权的关系问题，主要是研究深度链接行为是信息网络传播行为的一种行为方式，还是信息网络传播行为的帮助行为，最终用于解决深度链接行为是侵犯著作权罪的正犯还是共犯的问题。如果认为深度链接是信息网络传播行为的一种传播方式，则深度链接就是侵犯著作权罪的正犯行为，对于深度链接行为追究刑事责任，只需要满足该罪的其他构成要件即可，不需要借助共同犯罪的理论。如果认为深度链接行为不是信息网络传播行为的一种行为方式，而仅仅是信息网络传播行为的共犯行为，则深度链接行为欲构成

① 当然，即将生效的《刑法修正案（十一）》将侵犯信息网络传播权行为作为侵犯著作权罪中与侵犯复制权、侵犯发行权并列的侵权行为方式之后，该争议问题将不复存在。这是因为，深度链接行为显然是侵犯信息网络传播权的行为，而根据《刑法修正案（十一）》，侵犯信息网络传播权的行为已经可以直接构成侵犯著作权罪，不再需要将其解释为复制发行行为而实现犯罪化。但是，对于《刑法修正案（十一）》生效之前的深度链接行为，该争议仍将存在，因而需要研究。以下的分析均建立在《刑法修正案（十一）》生效之前的立法规定基础之上。

侵犯著作权罪，除了侵犯著作权罪的其他要件外，还需要查明设链者与正犯行为人之间是否存在共同犯罪关系。

之所以在该问题上产生分歧，源于理论界对于深度链接行为是信息网络传播权的直接侵权行为还是间接侵权行为有不同认识。如果认为是直接侵权行为，则深度链接行为直接侵犯了信息网络传播权，进而可以认定为侵犯著作权罪的正犯行为（当然，如下所述，可能还存在信息网络传播行为与侵犯著作权罪中的复制发行行为的关系的争议问题）；如果认为是间接侵权行为，则深度链接行为就没有直接侵犯信息网络传播权，只能认定为侵犯著作权罪的共犯行为。

为什么在直接侵权还是间接侵权问题上存在不同的认识呢？这源于理论界对于判断直接侵权还是间接侵权的标准产生了不同认识。在该问题上，历来存在“用户感知标准”和“服务器标准”等不同标准的争议。如果按照“用户感知标准”，则深度链接行为就是对信息网络传播权的直接侵权行为，可以构成侵犯著作权罪的正犯行为；如果按照“服务器标准”，则深度链接行为只能是间接侵权行为，其是否构成侵犯著作权罪仍需要借助共犯理论来解决。

本书赞同“服务器标准”，认定网络环境中对“信息网络传播权”直接侵权的法律标准应当是“服务器标准”，即只有将作品上传至向公众开放的服务器的行为，才是受“信息网络传播权”控制的“信息网络传播行为”，也才有可能构成对“信息网络传播权”的直接侵权。按照“服务器标准”，应认为深度链接行为仍然属于间接侵权行为。至于为什么采用“服务器标准”，我国学者进行了诸多研究，其中比较有代表性的理由有：其一，“服务器标准”符合“信息网络传播权”的立法原意。

《世界知识产权组织版权条约》（WCT）第8条规定“向公众提供权”，以及我国著作权法据此规定“信息网络传播权”时，均将这项权利的控制范围限定于“向公众提供作品……”而“提供作品”是一种客观行为，只能根据客观事实认定真正的行为实施者，而不能单纯以高度主观的“用户感知标准”来认定。其二，采用“服务器标准”不会导致“信息网络传播权”与“复制权”的重合。其三，采用“服务器标准”能最大限度地维系利益平衡。目前，多数国家的司法实践是认同“服务器标准”的。究其原因，与该标准能够最大限度地维系利益平衡有关。其四，我国以往的司法实践已多次采用“服务器标准”。在以往的司法实践中，多数法院坚持采用“服务器标准”，以认定网络服务提供商是否实施了“信息网络传播行为”，以及是否构成对“信息网络传播权”的直接侵权。其五，不应将推定上传者的标准与“用户感知标准”相混淆。如果网络服务提供者在网站中没有明确说明自己仅是对存储在第三方网站中的作品设置深度链接，作品并非由其上传，也没有列出作品在第三方网站中的真实网址，同时在被权利人指称侵犯“信息网络传播权”时又没有举出相关证据的话，则法院当然可以推定是该网络服务提供者实施了上传行为，从而构成对“信息网络传播权”的直接侵权。总之，在理论上和司法实践中承认“服务器标准”对于网络环境中著作权的合理保护十分必要。①

按照“服务器标准”，则深度链接行为仍然属于信息网络传播权的共犯行为，而不是正犯行为。追究深度链接行为的刑事

① 王迁：《网络环境中版权直接侵权的认定》，载《东方法学》2009年第2期。

责任，与一般链接行为一样，仍然面临片面共犯、共犯行为正犯化问题等理论争议。鉴于前文已对该问题进行了详细论述，此处不再赘述。

将该理论用于分析上述张某某案件，即分析张某某实施行为本身，即提供链接（或者深度链接）行为的性质，是侵犯著作权罪的实行行为还是帮助行为。一审判决认为，被告人张某某的行为虽然是提供网络链接服务的行为，但是其通过 www.1000ys.cc 网站管理后台，链接至哈酷资源网获取影视作品种子文件的索引地址，并通过向用户提供并强制使用 QVOD 播放器软件，供网站用户浏览观看影视作品，从而完成涉案影视作品在网络上的传播。张某某的上述网络服务提供行为可使公众在其个人选定的时间和地点通过该网站获得作品，符合信息网络传播行为的实质性要件，属信息网络传播行为。也就是说，张某某实施的提供网络深度链接服务的行为系侵犯信息网络传播权的实行行为而非帮助行为。人民法院之所以得出这个结论，显然是采取了用户感知标准。如果采用服务器标准，本案仍然属于信息网络传播权的间接侵权行为，而不是直接侵犯信息网络传播权的正犯行为。

2. 信息网络传播行为与复制发行行为的关系

仅仅搞清楚深度链接行为与信息网络传播权的关系，只是解决其是否构成侵犯著作权罪的第一步。如果要把深度链接行为认定为侵犯著作权罪，除了将其认定为信息网络传播行为的共犯或者正犯以外，还需要搞清楚信息网络传播行为与侵犯著作权罪中的复制发行行为的关系。

我国 2010 年修订的著作权法第 10 条第 1 款第 12 项规定了信息网络传播权——著作权人以有线或无线方式向公众提供作

品，使公众可以在其个人选定的时间和地点获得作品的权利。对于侵犯信息网络传播权的行为，著作权法第 48 条规定，应当根据情况，承担相应的民事责任和行政责任；构成犯罪的，依法追究刑事责任。由于著作权法没有规定相应的刑罚措施，不能用作直接追究侵犯信息网络传播权行为之刑事责任的依据，因此，对于侵犯信息网络传播权的行为是否能够按照犯罪处理，需要借助刑法的相关规定来认定。由于 1997 年刑法并没有专门就侵犯信息网络传播权行为进行规定（该权利是在 2001 年修改著作权法时新增的权利），因而对于侵犯信息网络传播权的行为能否依照现行刑法追究刑事责任就取决于能否认定侵犯信息网络传播权的行为属于刑法规定的侵犯著作权罪的某种行为方式。具体而言，能否将未经权利人许可，通过信息网络向公众传播作品的侵犯信息网络传播权行为解释为侵犯著作权罪中的复制发行行为，就成为能否依照现行刑法追究侵犯著作权（信息网络传播权）行为之刑事责任的关键。

2004 年最高人民法院、最高人民检察院颁行的《关于办理侵犯知识产权刑事案件具体应用法律若干问题的解释》第 11 条第 3 款规定，通过信息网络向公众传播他人文字作品、音乐、电影、电视、录像作品、计算机软件及其他作品的行为，应当视为刑法第 217 条规定的“复制发行”。根据该司法解释，对于侵犯信息网络传播权的行为，应当视为侵犯著作权罪中的“复制发行”行为，可以依照侵犯著作权罪定罪处罚。据当时主持该司法解释起草工作的最高人民法院研究室副主任胡云腾教授说，“随着信息技术的进步，复制和发行都发生了重大变化，即行为人可以通过信息网络复制或发行非实物的作品，如在网络环境中复制或发行权利人的软件、声像作品等……考虑到这种复制、发行和传统的复制、发行并无实质区别，甚至更容易实施并达到犯罪目的，所以，对于利用网络环境复制、发行侵权产品的行为，也应当视为刑法规定的复制、发行”。[①]

《关于办理侵犯知识产权刑事案件具体应用法律若干问题的解释》出台以后，对于侵犯信息网络传播权行为，符合犯罪构成其他要件的，可以依照侵犯著作权罪处理，基本上解决了该类案件在司法适用上的难题，在一定程度上加大了著作权刑法保护的力度，得到了司法实务界和理论界的普遍好评。但是，也有学者持不同意见，认为“复制发行”与“信息网络传播”行为是互不包容的两类行为，“两高”的司法解释将“信息网络传播”行为视为侵犯著作权罪中的“复制发行”行为属于类推解释。[②]

本书认为，通过信息网络向公众传播他人作品行为必然伴随着复制发行行为，“复制发行”与“信息网络传播”行为并不是互不包容的两类行为，通过信息网络传播作品与复制发行作品的危害后果是一致的。司法解释把通过信息网络向公众传播作品行为视为复制发行他人的作品具有法理依据。主要理由是：

其一，就信息网络传播视频行为与复制行为的关系来看。信息网络传播行为是复合行为，从技术上说，通过信息网络传播作品的过程可分解为数字化、上传、下载和浏览等一系列子

① 参见胡云腾、刘科：《知识产权刑事司法解释若干问题研究》，载《中国法学》2004 年第 6 期。

② 参见王迁：《论著作权意义上的“发行”——兼评两高对刑法“复制发行”的两次司法解释》，载《知识产权》2008 年第 1 期。

过程，是数字化（永久复制）+上传（永久复制+传输）+浏览（临时复制+传输）+下载（临时复制+永久复制+传输）等一系列使用作品方式的混合。以网络视频为例，在视频作品的信息网络传播过程中，主要涉及上传、下载和浏览行为（现在的视频作品大部分本身就是数字化产品，一般不需要再数字化，对于非法传播他人视频作品者，只需要避开或破坏技术保护措施即可）。信息网络传播视频的第一个步骤是上传行为，上传到ISP的计算机系统内产生了作品的备份，并通过计算机可以再现；而且，作品上传以后，人们通过网络观看视频作品所获得的信息量不会比使用正版视频作品获得的信息量少。因此，上传是一种复制行为，或者至少是包括了复制行为。也许有人认为，信息网络传播过程中的复制与传统意义上的复制有区别，因为后者伴随着载体的“再现”，而前者不会产生载体的“再生”，关机后该信息不会“再现”。本书认为，复制的本质功能在于再现原作品信息，能够再现原作品信息的行为都应该视为复制。在信息网络传播中，上传行为虽不会导致载体的再现，但是，作品所载信息能够完全再现，这符合复制的本质特征；关机后该信息不会“再现”，这与书本等载体合上以后信息不会再现的道理是一致的。因此，载体不能再现并不能否定信息网络传播中的上传行为是一种复制行为。由此可见，信息网络传播过程中的上传行为必然涉及复制过程，信息网络传播权包含了复制权的内容。

其二，就信息网络传播行为与发行行为的关系来看。根据我国现行著作权法的规定，发行是指以出售或者赠与方式向公众提供作品的原件或者复制件的行为。无论是有偿提供（出售）还是无偿提供（赠与），其结果都是使公众获得作品的原件或复制件。信息网络传播行为是指著作权人以有线或无线方式向公众提供作品，使公众可以在其个人选定的时间和地点获得作品的行为，其结果也是使公众获得作品的原件或复制件。就此意义而言，通过信息网络传播作品的行为与普通的发行作品行为具有内在的一致性，它是在信息网络领域发行的一种手段或者方式，而且相对于普通的发行方式，通过信息网络传播作品，可以使公众在其个人选定的时间和地点获得作品，传播的效率大大提高。正是由于信息网络传播与发行行为具有内在的一致性，有些国家和地区对于未经许可而通过信息网络传播他人作品的行为，按照发行侵权复制品行为处理。例如，美国法院和学术界就普遍接受通过网络公开传播作品构成“发行”的观点。在纳普斯特（Napster）案中，美国第九巡回上诉法院认为 P2P 软件用户未经许可将 mp3 音乐文件置于“共享区”供其他用户检索和下载的行为构成“发行”行为，侵犯了版权人的“发行权”。美国最高法院在对塔斯尼诉纽约时报案的判决中再次确认，未经许可将作者的文章置于网络数据库中，使公众能够在线浏览或下载的行为构成了对作品的“发行”。我国香港特别行政区终审法院在陈乃明案中也认为，被告通过信息网络技术传播电影的行为是对电影的“发行”，构成了刑事犯罪。

其三，类推解释与扩大解释并没有截然的区别。一般来说，某种行为社会危害性越大，在对刑法术语进行解释的时候就会寻求其最为广阔的含义（距离核心含义越远），从而将这种解释方法视为扩大解释的可能性越大；社会危害性越小，在进行解释的时候就会在距离核心含义较近的范围内进行解释。当前，盗版网络视频的信息网络传播行为是危害最大的一种行为，几乎成为整个视频行业的集体梦魇。如果不加以处罚，整个视频行业将遭受灭顶之灾。因此，将这种行为视为复制发行行为，是在扩充复制发行行为的含义范围，并没有超出复制发行行为本来的含义，是一种扩大解释，而不是类推解释。

其四，刑法制定在前，著作权法增设信息网络传播权行为在后，在增设信息网络传播权之前，信息网络传播权的内容实际上就是由复制发行行为进行规范的。因此，不能仅仅以著作权法增设信息网络传播权以后，复制发行权与信息网络传播权成为并列的权利，就否定两者本质上的相同性。事实上，在美国、我国香港地区，至今仍然沿用复制发行权来规范信息网络传播权，理论与实践中也并没有产生混乱现象。

其五，认为司法解释是类推解释的观点还存在一个错误，即混淆了案件事实的认定方法。该观点的逻辑方法是：行为人实施了网络侵犯著作权的行为，即将他人的视频作品未经许可上传至网络空间或者非法存储该网络视频作品——根据著作权法，这是侵犯信息网络传播权的行为——信息网络传播权与复制发行权在著作权法上并列规定，因而是不同的权利——刑法中仅规定侵犯复制发行权行为是犯罪行为，而没有规定侵犯信息网络传播权的行为是犯罪行为，因而不构成犯罪。这种认定思路实际上是以案件事实为大前提，而以法律规定为小前提，混淆了案件事实的认定思路。本书认为，正确的思路应当是以法律规定为大前提，以案件事实为小前提，即按照以下顺序进行判断：首先，看刑法规定的复制发行到底是何含义，是否能够涵盖信息网络传播权的行为。应该认为，刑法和著作权法的概念应有一定的协调性，但是两者毕竟是不同的部门法，规范目的有很大不同，刑法中的用语并不一定要等同于著作权法中的用语。而且，刑法制定于 1997 年，当时著作权法中并没有规定信息网络传播权，因而不能以 2001 年修订后的著作权法中增设的信息网络传播权来作为复制发行权的解释对象。其次，看网上传播作品的行为能否视为复制发行行为。这就要结合网络技术特点来进行判断。如上所述，网上传播作品本质上也是要经过复制、发行阶段，这完全可以视为复制发行行为，进而可以把这种行为按照侵犯著作权罪定罪处罚。这种解释思路事实上已经广为采用。不论是单位盗窃罪中是否能够追究自然人的刑事责任，还是刑法第 17 条第 2 款中犯罪行为还是具体罪名的理解，都已经采纳了这种认定思路。

司法实践中已经开始把信息网络传播行为认定为刑法中的复制发行行为。例如，被告人陈某侵犯著作权案，该案案情如下：被告人陈某于 2012 年在互联网上申请 www.dy161.com、www.f1 dy.com 等域名设立多个网站，将网站服务器交由江苏某公司托管。陈某通过网上下载、网友交换、购买盗版光盘等途径获得未经著作权人许可的电影作品，上传至百度、华为网盘，或将片源提供给百度影音、快播，由百度影音、快播向陈某提供片源的链接代码。陈某再将网盘链接以及百度影音、快播提供的链接嵌入其经营的网站供网友点击观看或免费下载。陈某还通过后台视频自动抓取软件，抓取快播网站的视频链接嵌入其经营的网站供网友点击观看。陈某与广告联盟结算、收取广告费用。人民法院认为，最高人民法院、最高人民检察院、公安部《关于办理侵犯知识产权刑事案件适用法律若干问题的意见》第 12 条“关于刑法第二百一十七条规定的‘发行’的认定及相关问题”第 1 款规定：“‘发行’，包括总发行、批发、零售、通过信息网络传播以及出租、展销等活动。”而信息网络领域的“发行”存在一定的特殊性，与一般媒介的“发行”行为有区别。最高人民法院、最高人民检察院《关于办理侵犯知识产权刑事案件具体应用法律若干问题的解释》第 11 条第 3 款规定："通过信息网络向公众传播他人文字作品、音乐、电影、电视、录像作品、计算机软件及其他作品的行为，应当视为刑法第二百一十七条规定的'复制发行'。"因此，被告人陈某通过互联网发布涉案影片供不特定社会公众下载，无论其是否收取下载费用，都应当认定为刑法第 217 条规定的"复制发行"行为。

综上，数字作品在信息网络传播过程中必然涉及上传、网络传输、公众浏览或下载等过程。在这个过程中，必然伴随着数字作品的复制发行行为。虽然数字作品的信息网络传播行为与传统的复制发行行为存在区别，即能否让公众在个人选定的时间和地点获得作品或制品，但这种区别不是本质上的，它只会使复制发行的效率大大提高。在刑法没有明确将信息网络传播行为纳入侵犯著作权罪的行为方式时，司法解释将信息网络传播行为解释为复制发行行为具有法理依据，不是类推解释。

当然，鉴于著作权法将信息网络传播权独立规定为一种权利，为使刑法与相关的民事法律相衔接，同时考虑到罪刑法定原则明确性的需要，刑法在进行修改时有必要将信息网络传播行为与复制发行行为并列规定为侵犯著作权罪的行为方式。当然，在刑法作出修改之前，司法解释必须得到尊重和遵守。[①] 因此，未经著作权人许可，通过信息网络向公众传播他人作品或制品的行为，应当视为未经著作权人许可复制发行其作品、制品的行为，符合犯罪构成的其他要件的，可以按照侵犯著作权罪定罪处罚。

二、“以营利为目的”的认定与完善

尽管网络链接行为可以构成的犯罪众多，但是就当前而言，无论是一般链接，还是深度链接，其危害性最大的行为还是侵犯著作权行为和传播淫秽物品（牟利）的行为。在深度链接行为中，危害性最大的是侵犯著作权行为；理论界研究最多的也是深度链接行为是否构成侵犯著作权犯罪的问题。然而，构成侵犯著作权犯罪，刑法要求具备营利的目的，而设链者通常并不具有营利的目的或者采用变相的营利目的，从而给司法适用

① 全国人民代表大会常务委员会《关于加强法律解释工作的决议》（1981 年 6 月 10 日第五届全国人民代表大会常务委员会第十九次会议通过）第 2 条规定：“凡属于法院审判工作中具体应用法律、法令的问题，由最高人民法院进行解释。凡属于检察院检察工作中具体应用法律、法令的问题，由最高人民检察院进行解释。最高人民法院和最高人民检察院的解释如果有原则性的分歧，报请全国人民代表大会常务委员会解释或决定。”对于通过信息网络向公众传播他人计算机软件行为是否可以认定为刑法第 217 条规定的“复制发行”这一类的检察工作、审判工作中遇到的具体应用法律的问题，最高人民法院、最高人民检察院有权进行解释，而且最高人民法院《关于司法解释工作的规定》（发布日期：2007 年 3 月 23 日）、最高人民检察院《司法解释工作规定》（发布日期：2006 年 5 月 10 日）都分别强调，由其制定并发布的司法解释，具有法律效力，理应得到各级检察机关、审判机关的遵守。

造成巨大的困难。①

（一）“以营利为目的”的认定

我国刑法第217条侵犯著作权罪、第218条销售侵权复制品罪明确规定犯罪构成的主观要件要素是“以营利为目的”。因而，无论是直接侵权还是间接侵权行为，要构成犯罪，行为人都必须具备“以营利为目的”的主观要件要素。“以营利为目的”是指行为人通过实施犯罪行为而谋取利润的目的。其含义与“以牟利为目的”基本相同，可以通用。②

虽然“以营利为目的”根据不同标准可以划分为“利己目的与利他目的”“确定营利目的与非确定营利目的”“直接营利目的与间接营利目的”等不同类型，但根据犯罪行为能否直接获取非法利润而区分的直接营利目的与间接营利目的在实践中争议最大，认定最为困难，也亟须进行规范阐释。

直接营利目的，是指只要行为人完成了刑法规定的某种犯罪的构成要件，就能直接获取利润。例如，由于盗版视频相对于正版视频成本较为低廉，行为人只要擅自出版他人享有专有出版权的网络视频并进行销售，即可以获得非法利润。例如，

① 构成传播淫秽物品牟利罪也要求行为人主观上“以牟利为目的”，然而，除了该罪以外，我国刑法中还规定有传播淫秽物品罪，该罪的成立不要求具备“以牟利为目的”。从而在行为人传播淫秽物品犯罪过程中，如果能够查明行为人“以牟利为目的”，就可以定传播淫秽物品牟利罪；如果难以查明行为人“以牟利为目的”，则可以定传播淫秽物品罪。这样，行为人是否具有“以牟利为目的”对于正确认定犯罪就显得没有那么重要，即使难以查明也不至于放纵犯罪。

② 参见张明楷：《论刑法中的“以营利为目的”》，载《中国刑事法杂志》1995年第4期。

周某某等七人经营思路网侵犯著作权案。被告人周某某于2008年注册成立北京某科技有限公司，经营思路网站。思路网站下设门户网（网址：www.siluhd.com）、思路论坛（网址：bbs.siluhd.com），并以HDstar论坛（网址：www.hdstar.org）作为思路网站的内站。2009年至2013年，被告人周某某、苏某某等人未经著作权人许可，以会员制方式，将他人享有著作权的影视、音乐等作品以种子形式上传至HDstar论坛，供2.6万余名注册会员下载，在思路网站投放广告，并通过销售网站注册邀请码和VIP会员资格营利。北京市海淀区人民法院一审认为，被告人周某某等人以营利为目的，未经著作权人许可，通过信息网络传播他人作品，情节特别严重，上述被告人的行为均已构成侵犯著作权罪，应予惩处。人民法院根据各被告人在共同犯罪中的作用和认罪态度依法予以减轻、从轻处罚或者适用缓刑，分别判处各被告人有期徒刑1年至5年，并处罚金等。一审宣判后，被告人苏某某等提起上诉。北京市第一中级人民法院二审驳回上诉、维持原判。思路网上有高清资讯和高清电影，从表面上看是一个介绍蓝光技术的普通网站，但其链接到的HDstar论坛却存有大量蓝光高清格式的盗版电影和电视剧资源可供付费下载，因而可以认定其具有直接的营利目的。

间接营利目的，是指行为人实施完毕刑法规定的某种犯罪的构成要件，并不能直接获取利润，尚需要行为人或者第三人实施其他行为才能获取利润。例如，行为人开设网站，供人免费下载盗版视频，行为人在实施侵犯著作权罪，即销售盗版视频过程中并不能直接营利，因为其下载视频是免费的，其实现营利目的要靠盗版网站人气提升后吸引广告商的合作的行为来完成（在该网站上投放广告，收取广告费或者推广费等）。这方面比较典型的例子有：2010年3月，被告人张某为谋取非法利益，在互联网上开设“77免费电影”网站（网址：http://www.77i.cc），未经著作权人许可，从百度影音等网站上采集影视作品链接，通过该链接向公众传播影视作品，并在网页刊登广告收取广告费用。截至2014年1月，“77免费电影”网站共采集影视作品50393部，其中分享链接的占4%，非法经营额累计人民币48万余元。

由于行为人从犯罪行为中是否可以直接获利的不同，导致直接营利目的相对较好认定，而间接营利目的相对较难认定。当然，尽管间接营利目的较难认定，但它毕竟是人的一种主观心理态度，而不是仅仅停留在其大脑中的纯主观思维活动，它必然要支配行为人客观的犯罪活动，从而可以通过犯罪前、犯罪中、犯罪后的一系列客观外在活动表现出来。[①] 因此，在司法实践中，可以通过考察行为人的客观外在活动来认定行为人是否具有营利目的，这些活动具体包括侵权行为发生的背景、侵权行为的次数、规模、侵权复制品的数量与规模、实际获利状况等。

随着侵犯著作权犯罪的手段不断翻新，行为人的营利方式日益多样化，判断行为人是否具有营利目的也越来越复杂。在继承以往司法解释规定的基础上，2011年最高人民法院、最高人民检察院、公安部《关于办理侵犯知识产权刑事案件适用法律若干问题的意见》综合考虑实践中已出现的各种侵犯著作权犯罪的行为方式，进一步细化了“以刊登收费广告等方式直接

---

① 高铭暄、马克昌：《刑法学》，北京大学出版社2000年版，第108页。

或者间接收取费用的情形”，明确下列几种情形属于“以营利为目的”：(1) 以在他人作品中刊登收费广告、捆绑第三方作品等方式直接或者间接收取费用的；(2) 通过信息网络传播他人作品，或者利用他人上传的侵权作品，在网站或者网页上提供刊登收费广告服务，直接或者间接收取费用的；(3) 以会员制方式通过信息网络传播他人作品，收取会员注册费或者其他费用的；(4) 其他利用他人作品牟利的情形。从该意见的规定来看，既包括直接营利目的，也包括间接营利目的，甚至还包括直接营利目的与间接营利目的混合的现象。例如，在第一种情形下，如果行为人通过网络复制并销售了盗版视频，而且在该盗版视频上刊登收费广告或者捆绑了第三方作品并直接或者间接收取费用，则复制并销售盗版视频的行为显然具有直接营利目的，而在该盗版视频上刊登收费广告或者捆绑第三方作品的行为显然具有间接营利目的，只不过该间接营利目的从属于直接营利目的而不再具有独立价值，在认定行为人营利目的时将之认定为直接营利目的的一部分即可（当然，在计算违法所得数额时也应一并将刊登收费广告或者捆绑第三方作品所收取的费用计算在内）；如果行为人复制并销售了盗版视频，而且在该盗版视频上刊登广告或者捆绑第三方作品但未直接或者间接收取费用（这种情形尽管较少发生，但毕竟存在这种情形），则复制并销售盗版视频的行为显然具有直接营利目的，而在该盗版视频上刊登广告或者捆绑第三方作品的行为显然不具有营利目的，此时行为人的主观心态仍是直接营利目的；如果行为人复制并免费赠送了盗版视频，并在该盗版视频上刊登收费广告或者捆绑第三方作品并直接或者间接收取费用，则复制并免费赠送盗版视频的行为不具有营利目的，而在该盗版视频上刊登收费广告或者捆绑第三方作品并直接或者间接收取费用的行为属于间接营利目的，因而整体上应认定行为人具有营利目的；如果行为人复制并免费赠送了盗版视频，并在该盗版视频上刊登广告或者捆绑第三方作品但未直接或者间接收取费用（该费用包括以各种形式体现的赞助费、推广费、成本费如工人工资、印刷费用、邮递费用、储存费用等），则复制并免费赠送盗版视频的行为不具有营利目的，而在该盗版视频上刊登广告或者捆绑第三方作品的行为也不属于间接营利目的，则应认定行为人既不具有直接营利目的，也不具有间接营利目的，从而不具备“以营利为目的”的要件要素。

从实践来看，网络链接行为间接牟利的手段通常为：通过链接做大流量，进而吸引广告商的青睐而赚取广告费，或者参加广告联盟而获得广告费，或者直接收取用户的上网费、会员费等。现在还有一种较为隐蔽的手段，即设链者借助技术支持的手段和小型盗版网站或网络服务器共同侵权模式，即作为设链者的大型搜索类视频网站，其借助互联网供给快速建立视频网站的软件系统，如“光线 CMS 系统”，网络用户使用该软件建设小型视频网站，然后肆意上传大量侵权作品，设链者对侵权网站设置加框链接，设链者的视频播放器归小型盗版网站使用，最终设链者与被链者通过广告联盟对广告收益进行分成。[①]设链视频网站将盗版侵权作品储存于小型盗版视频网站的服务器中，再对小型盗版网站设置链接，在设链网站页面加框嵌套播放侵权视频作品从而提升设链网站点击率带来经济效益，最

① 徐松林：《以刑释罪：一种刑法实质解释方法》，法律出版社 2015 年版，第 220 页。

后大型搜索类视频网站与小型盗版网站就广告收益商定分配比例。在此种模式下，加框链接侵权作品的设链服务提供者可以借助搜索链接身份以及自身网站服务器并未储存盗版作品而只提供类似“种子”的链接资源等技术特点作为抗辩理由，据此主张适用“避风港规则”① 以规避侵权责任。而上传侵权作品数据资源的小型视频网站可以通过变更地址等技术手段使著作权人难以追踪。由此可见，在大型搜索类视频网站运用以技术支持方式加框链接小型盗版网站的联合侵权模式加剧了盗版的滋生。

这种模式的典型案例有：被告人陈某于2012年在互联网上申请www.dy161.com、www.f1 dy.com等域名设立多个网站，将网站服务器交由江苏某网络科技有限公司托管。陈某通过网上下载、网友交换、购买盗版光盘等途径获得未经著作权人许可的电影作品，上传至百度、华为网盘，或将片源提供给百度影音、快播，由百度影音、快播向陈某提供片源的链接代码。陈某再将网盘链接以及百度影音、快播提供的链接嵌入其经营的网站供网友点击观看或免费下载。陈某还通过后台视频自动抓取软件，抓取快播网站的视频链接嵌入其经营的网站供网友点击观看。陈某通过联系奇优、宣传易、一起赢、麒润、优告等网络

---

① “避风港规则”来自美国1998年制定的《数字千年版权法案》(DMCA法案)，是指发生著作权侵权纠纷，当ISP（网络技术服务提供商，只提供空间服务并不制作网页内容）被告知上传的内容侵权时则有删除义务，否则就被视为侵权。如果侵权内容既不在ISP服务器上存储，又未被告知应该删除哪些内容，则即使侵权，ISP也不承担侵权责任。参见徐松林：《以刑释罪：一种刑法实质解释方法》，法律出版社2015年版，第213页。

广告联盟，在其经营的网站上嵌入上述广告联盟投放的广告，以广告的弹出、点击量为依据，与上述广告联盟结算、收取广告费用。依据最高人民法院、最高人民检察院《关于办理侵犯知识产权刑事案件具体应用法律若干问题的解释》第11条第1款规定："以刊登收费广告等方式直接或者间接收取费用的情形，属于刑法第二百一十七条规定的'以营利为目的'。"最高人民法院、最高人民检察院、公安部《关于办理侵犯知识产权刑事案件适用法律若干问题的意见》第10条规定："除销售外，具有下列情形之一的，可以认定为'以营利为目的'：……（二）通过信息网络传播他人作品，或者利用他人上传的侵权作品，在网站或者网页上提供刊登收费广告服务，直接或者间接收取费用的……"本案中，被告人陈某通过联系奇优、宣传易、一起赢、麒润、优告等网络广告联盟，在其经营的网站上嵌入上述广告联盟投放的广告，累计收取广告费244579.03元。因此，可以认定被告人陈某实施涉案行为的意图正是在于追求广告收益，明显具有营利目的。

（间接营利）"尽管行为人不是赤裸裸的金钱获益，但也是一个为获得金钱利益而设置的一个很美丽的伪装，行为人的最终目的是获利的"，[①] 因而，在链接行为构成的侵权犯罪案件中，不管行为人通过什么途径营利，只要其采取了侵犯著作权的行为，并把该行为作为营利的一种手段，就足以认定其具有营利的目的。该论断也适用于传播淫秽物品牟利罪中"以牟利为目的"的判断，即不管行为人通过什么途径谋取利益，只要采取

---

① 参见于志刚：《侵犯著作权罪中"以营利为目的"的网络异化》，载《昆明理工大学学报》2008年第7期。

了传播淫秽物品的行为，并把该行为作为一种牟利的手段，就可以认定其具有牟利的目的。

（二）“以营利为目的”要素的修改

自2003年以来，“以营利为目的”的修改成为学术界讨论最为热烈的话题之一。概括起来，主要有以下几种有代表性的观点：一是“取消论”，即主张取消“以营利为目的”要素，其中又可区分为“纯粹的取消论”①，即完全取消“以营利为目的”，并不做其他改动；“加重量刑情节论”②，即将“以营利为目的”改造成为加重的量刑情节。二是“保留论”，即主张不对“以营利为目的”做任何改动。③ 三是“折中论”，也可以称为“有条件的保留论”④，即在现实环境中保留“以营利为目的”，而在网络环境中取消“以营利为目的”要素。

本书在对上述各种主张的利弊进行分析的基础上，主张采取“加重量刑情节论”。

1. 关于“保留论”

持“保留论”者往往承认保留“以营利为目的”要素对于

---

① 参见赵秉志：《刑法应取消侵犯著作权犯罪中“以营利为目的”的主观要素》，载《中国版权》2007年第5期。

② 参见田宏杰：《论我国知识产权的刑事法律保护》，载《中国法学》2003年第3期。

③ 参见卢建平：《在宽严和轻重之间寻求平衡——我国侵犯著作权犯罪刑事立法完善的方向》，载《深圳大学学报》2006年第5期。

④ 参见贺志军：《我国侵犯著作权犯罪“营利目的”要件研究》，载《成都理工大学学报》（社会科学版）2011年第3期。

网络环境下著作权刑法保护不利，但基于刑法的谦抑性[1]、著作权刑法保护的特殊性[2]、通过扩大解释可以弥补“以营利为目的”要素的不足[3]等考虑，仍应保留该要素。

但在本书看来，保留该要素的理由都不充分：

（1）刑法谦抑精神的贯彻以相关的行政、民事法律足以预防和遏制某种侵权行为为前提。目前，仅仅依靠行政、民事法律手段显然不足以预防和遏制不以营利为目的的著作权侵权行为，此时作为“法律最后一道防线”的刑法，应当挺身而出，将不以营利为目的的侵犯著作权行为纳入刑法调整的范围，以刑罚独有的严厉性来预防和打击这种侵权行为。

（2）著作权虽然拥有更多的思想、精神方面的内容，与人类知识的传播宣传普及有着更多的关联，这在一定程度上确实降低了不以营利为目的的侵权行为的主观恶性。但是，这种观点恰恰忽略了正是由于著作权拥有更多的思想、精神方面的内容而更容易遭受侵害，从而更需要刑法加以特别保护的事实。

（3）通过扩大解释方法来弥补“以营利为目的”缺陷的观点更不足取，因为无论如何扩大解释，都不可能把不以营利为目的的侵权行为解释为“以营利为目的”的侵权行为，哪怕是采用类推方法也做不到这一点。

---

① 参见屈学武：《销售侵权复制品罪疏议》，载《中国刑法学年会文集》（2004 年度），中国人民公安大学出版社 2004 年版，第 449 页。

② 参见卢建平：《在宽严和轻重之间寻求平衡——我国侵犯著作权犯罪刑事立法完善的方向》，载《深圳大学学报》2006 年第 5 期。

③ 参见郝方昉：《关于构成侵犯著作权罪应否需要“以营利为目的”的理性思考》，载《西南科技大学学报》（哲学社会科学版）2011 年第 5 期。

2. 关于“有条件的保留论”

持“有条件的保留论”者坚持在现实环境中保留“以营利为目的”和在网络环境中废除“以营利为目的”，该观点有其合理性，但也存在明显缺陷。

（1）现实环境中不以营利为目的的侵犯著作权行为整体上尽管较少，危害也相对较轻，但难以否认的是，仍存在一部分危害相对较为严重的侵权行为，如为了毁损他人的名誉而实施侵权行为，给权利人造成的危害后果与出于营利目的的侵权行为造成的后果可能并没有实质区别。在现实环境中保留“以营利为目的”，对那些出于非营利目的侵害著作权行为的受害人，刑法就不能进行有效保护。而事实上犯罪的本质是侵犯合法权益，刑法的目的在于保护合法权益，保留“以营利为目的”要素，“容易使人们认为犯罪的本质就是行为人获得利益，而不在于行为侵犯了合法权益。这不符合刑法的整体精神”。[①]

（2）把“以营利为目的”作为现实环境中侵犯著作权犯罪的构成要件会加重司法机关的证明负担。正如有学者所指出的，侵犯著作权犯罪设立“以营利为目的”要素的动机是缩小打击面，这是值得肯定的；但查证作为主观要素的目的则徒增公诉机关的证明难度从而导致作恶者逃脱法网概率上升的局面，这是立法技术上的失策。[②] 一般来说，主观要件要素是控方取证和证明的难点。在司法实践中，很容易因“营利目的”证据难以

① 参见张明楷：《刑法第 14 条“销售金额”的展开》，载马俊驹主编：《清华法律评论》（第 2 辑），清华大学出版社 1999 年版，第 188 页。

② 参见唐稷尧：《知识产权犯罪：利益背景与刑事控制》，载《中国刑事法杂志》2002 年第 3 期。

取得而人为地扩大罪犯逃脱刑罚打击的概率。[①] 因此，在现实环境中保留“以营利为目的”无疑会提高司法机关查处犯罪的证明难度，降低著作权刑法保护的效率，这在侵犯著作权犯罪仍很猖獗的现状下显然并不可取。

3. 关于“纯粹的取消论”

“纯粹的取消论”是目前学界的主流观点，其理由主要是，取消“以营利为目的”是适应现代科技的发展，加强对著作权的刑法保护的需要；是降低司法机关查处犯罪的证明难度，严密惩治侵犯著作权犯罪之刑事法网的需要；是与我国刑法规定的其他侵犯知识产权犯罪的规定相协调的需要；是与有关国际公约规定相一致的需要；等等。

应该说，该观点不区分现实环境和网络环境，主张一概取消“以营利为目的”要素的见解确实有利于加大著作权刑法保护的力度。但是，这种不区别对待，主张“一废了之”的观点有过于简单化之虞，其忽略了是否具备“营利目的”在同种犯罪中行为人社会危害性大小的区别，难以做到罪责刑相适应，因而并非最佳选择。

---

① 有学者提出，我国侵犯著作权犯罪中“以营利为目的”要件是个不证自明的问题，因为该罪还规定了“违法所得数额巨大”或者“情节严重”等要件，只要证明侵权行为人“违法所得数额”巨大，就可以证明行为人具有“以营利为目的”（参见阮齐林教授在北京师范大学刑事法律科学研究院 2006 年 8 月 19 日举行的“侵犯著作权犯罪立法完善研讨会”上的发言）。我们认为，侵犯著作权犯罪中的“违法所得数额”本身就是个不容易证明的难题，在实践中侵权行为人一般不设置账簿或者设置虚假的账簿，违法所得等数额很难查清。所以主张“以营利为目的”不证自明的观点并不符合实践中司法机关办案的实际情况。

此外，该观点部分理由比较牵强，难以说明取消营利目的的必要性，这在一定程度上降低了该观点的说服力。例如，有关国际公约并未要求一定要用刑罚惩治不以营利为目的的侵权行为，因此谈不上与国际公约相一致的问题；侵犯著作权犯罪有其自身特殊性，其他类型的侵犯知识产权犯罪不需要营利目的并不能说明侵犯著作权犯罪也一定不需要营利目的。

4. 关于“加重量刑情节论”

“加重量刑情节论”既可以加大著作权刑法保护的力度，又可以满足罪责刑相适应原则的要求，因而是最佳选择。

（1）相对于“保留论”，“加重量刑情节论”最大的优点是可以惩治不以营利为目的的侵犯著作权行为，从而可以加大著作权刑法保护的力度。在新技术浪潮的冲击下，我国的侵犯著作权行为出现了多元化的趋势，在以营利为目的侵犯著作权行为大量发生的同时，不以营利为目的侵犯网络视频著作权等行为也大量发生。在批量复制技术、信息网络传播技术日益发达的今天，这些不以营利为目的的行为也会给著作权人造成巨大的甚至是无法挽回的损害。① 但是，由于这些行为不具有营利目的，即使危害再严重，在现行的立法条件下也不能按照侵犯著作权犯罪来处理，从而形成立法上的漏洞，不利于著作权的刑法保护。“加重量刑情节论”可以避免上述问题，因为把“以营利为目的”规定为侵犯著作权犯罪的一个加重情节后，则对于“以营利为目的”的侵犯著作权行为可以在较重的幅度内量刑；

① 这些行为在当代中国不胜枚举，甚至一些中外刑法学名著也被一些人扫描后上传到网上供免费下载，至于时下流行的一些电影、音乐等都可以轻易在互联网上找到，这是一个众所周知的事实。

对于不“以营利为目的”的侵犯著作权行为，也可以在基本刑的幅度内量刑，从而避免产生刑罚处罚的间隙。

（2）相对于“有条件的保留论”，虽然二者在追究网络环境中不以营利为目的的侵权行为刑事责任问题上基本可以做到一致，但是，“加重量刑情节论”还可以追究在现实环境中不以营利为目的的侵权行为的刑事责任，而这恰好是“有条件的保留论”的缺陷所在。

（3）相对于“纯粹的取消论”，“加重量刑情节论”把“以营利为目的”增加规定为加重量刑情节，一方面在立法上区分是否“以营利为目的”而规定不同的量刑幅度，可以做到重罪重罚、轻罪轻罚，符合罪责刑相适应原则的精神；另一方面可以有效地提醒司法机关注意“以营利为目的”的侵权行为是危害重大的行为因而是刑法打击的重点，从而可以有效地贯彻宽严相济的刑事司法政策。当然，“以营利为目的”作为加重量刑情节仍存在证明难的问题，但是，相对于区分罪与非罪的证明标准，作为区分加重情节与一般情节的“以营利为目的”的证明标准显然会低一些，证明难度也相应较小。如果个别案件中“以营利为目的”确实难以证明，按照“加重量刑情节论”可以适用一般情节的法定刑进行处理，这比在“保留论”和“有条件的保留论”中把“以营利为目的”作为构成要件要素情形下按照无罪处理更加符合罪责刑相适应原则的要求，也更能实现刑法的正当性价值。事实上，我国在淫秽物品犯罪上采取的根据是否具备“以牟利为目的”而分别定罪的思路也属于这一种，实践证明该立法模式既能适应惩治各种犯罪的需要，也避免了各种理论争议。

第五章　网络视频链接刑法规制中的特殊问题

随着网络视频产业的迅猛发展[①]及其经济效益的不断提高，世界范围内发生侵犯网络视频著作权的犯罪现象也越来越严重。与此同时，世界各国和地区有关网络视频著作权刑法保护的学术研究也迅速开展起来。研究内容涉及保护对象、保护手段等网络视频著作权刑法保护中的一些重要而又基本的问题。上述研究为网络视频著作权的刑法保护奠定了基本的理论基础，从而为世界范围内网络视频产业的健康发展和国际经济文化合作与交流作出了积极贡献。

但是，相对于飞速发展的现代信息网络传播技术，网络视频著作权刑法保护的理论研究还存在一定的滞后现象，不能适

---

① 仅以网络视频用户为例，2010 年全国网络视频用户规模已经达到 2.65 亿，网络视频用户使用率达到 63%，现在这个数字迅速上升。根据中国互联网络信息中心（CNNIC）发布的《中国互联网络发展状况统计报告》的数据，截至 2015 年 12 月，中国网络视频用户规模达 5.04 亿，较 2014 年年底增加 7093 万，使用率为 73.2%，较 2014 年年底增加了 6.5%。而《2019 中国网络视听发展研究报告》显示，截至 2018 年 12 月底，中国网络视频（含短视频）用户规模达 7.25 亿，占整体网民的 87.5%。在不到 10 年的时间内，中国网络视频用户增长了近 3 倍。

应网络视频著作权保护的现实需要。尤其是网络服务提供商提供的链接行为等著作权刑法保护中的新型问题，学术界研究不够深入、诸多问题尚未取得一致意见。例如，近些年来引起广泛关注的系列网络视频链接侵权案都涉及是否应追究刑事责任、如何追究刑事责任的问题，但对该类案件中涉及的深度链接行为的性质、网络视频个数（集、张、份等）的认定、“以营利为目的”在网络空间中的认定、“明知”的理解与认定、《刑法修正案（九）》生效后的犯罪竞合等实践中急需解决的问题缺乏研究，致使司法机关面对保护网络视频著作权的强烈呼声而犹豫不决。

对于网络视频链接侵权这些新型、复杂问题进行深入研究，将会促进网络视频链接侵权刑事案件的妥当处理，进而为网络视频产业的健康发展提供良好的法治保障。鉴于网络视频链接犯罪与其他类型的网络链接犯罪刑法规制中的共性问题，前文已经展开较为系统的研究，本章将重点探讨网络视频链接犯罪中的特殊问题，即网络视频个数（集、张、份等）的认定、网络点击量的计算等问题。

第一节　网络视频著作权刑法保护概述

一、网络视频的概念厘定

网络视频是一个被广泛使用的术语，无论是权利人、社会公众，还是相关的学术研究，都在使用这一术语。但是，网络视频又似乎是一个人人都明白却又难以准确描述其内涵与外延的术语。有人认为，所谓网络视频，是指由网络视频服务提供商提供的、以流媒体为播放格式的、可以在线直播或点播的声像文件。网络视频一般需要独立的播放器，文件格式主要是基于 P2P 技术占用客户端资源较少的 FLV 流媒体格式。[①] 有人指出，网络视频是指以电脑或者移动设备为终端，利用 QQ、MSN 等 IM 工具，进行可视化聊天的一项技术或应用。[②] 有人提出，网络视频是指视频网站提供的在线视频播放服务，主要利用流媒体格式的视频文件，在众多的流媒体格式中，FLV 格式由于文件小、占用客户端资源少等优点成为网络视频所依靠的主要文件格式。[③] 有人这样描述，从网络技术的角度讲，网络视频是指内容格式以 WMV、RM、RMVB、FLV 以及 MOV 等类型为主，可以在线通过 RealPlayer、WindowsMedia、Flash、QuickTime 及 DIVX 等主流播放器播放的文件内容。[④] 还有学者这样解释，“网络视频就是在网上传播的视频资源，狭义的网络视频指网络电影、电视剧、新闻、综艺节目、广告等视频节目；广义的网络视频还包括自拍 DV 短片、视频聊天、视频游戏等”。[⑤]

---

① http://baike.baidu.com/link? url=SosUv2b1B5Kz-gpes4sdgLpLKdzoMOZ2b2OSVN7prXxcpB6WP _ Pg1GaP4oBJZwC6P6cIVGWZcRTtithN4gSsRa，2019 年 6 月 30 日访问。

② http://baike.baidu.com/link? url=SosUv2b1B5Kz-gpes4sdgLpLKdzoMOZ2b2OSVN7prXxcpB6WP _ Pg1GaP4oBJZwC6P6cIVGWZcRTtithN4gSsRa，2019 年 6 月 27 日访问。

③ 李育泽：《中国网络视频分级探索》，http://tieba.baidu.com/p/3676670027，2019 年 6 月 30 日访问。

④ 虞卓：《消费主义背景下的青年价值观建设——以美国消费主义时期为例》，载《理论界》2006 年第 10 期。

⑤ 王润：《论媒介文化视野下“不差钱”搞笑视频热背后的传播现象》，载《科技促进发展》2009 年第 9 期。

与日常生活中网络视频的高频使用相比，我国有关法律和司法解释中却较少使用该术语。刑法中出现过“视频”术语，但没有使用过“网络视频”术语①；有关司法解释和其他规范性文件虽然列举了网络视频的一些种类，但并未进行含义界定。②法律必须服务于实践，既然现实生活中存在这一术语并被广泛使用，就有必要对该术语进行含义界定，并将该术语与刑法、著作权法中的相应术语建立起一定的对接关系。

在本书看来，关于网络视频的各种描述并不存在根本矛盾。网络视频既可以是一种传播媒介，可以是一种传播媒体（网络视频平台）提供的服务，如爱奇艺 PPS、搜狐视频、优酷土豆、腾讯视频、乐视、PPTV、迅雷看看、56 视频、芒果 TV 等提供的服务，也可以是一种传播对象（客体）或者传播行为。上述对网络视频的不同界定的观点，有的是从网络视频的技术特征

---

① 《刑法修正案（九）》首次使用了“视频”术语（见刑法第 120 条之三：以制作、散发宣扬恐怖主义、极端主义的图书、音频视频资料或者其他物品……；第 120 条之六：明知是宣扬恐怖主义、极端主义的图书、音频视频资料或者其他物品而非法持有，情节严重的……），而且视频与资料连在一起使用。在本书看来，网络视频与非网络视频的区别虽仅在于存在形态不同，但存在于网络环境中的视频的著作权保护，由于涉及链接、P2P 等行为的定性问题，因而在理论上引发诸多复杂问题。

② 《淫秽电子信息解释》规定，以牟利为目的，利用互联网、移动通讯终端制作、复制、出版、贩卖、传播淫秽电影、表演、动画等视频文件 20 个以上的，应当依照刑法第 363 条第 1 款的规定，以制作、复制、出版、贩卖、传播淫秽物品牟利罪定罪处罚；达到上述标准 25 倍以上的，应当认定为“情节特别严重”。其中，利用互联网、移动通讯终端制作、复制、出版、贩卖、传播的淫秽电影、表演、动画等视频文件实际上指的就是“网络视频”。但是，这些司法解释只是列举了网络视频的种类，并未给出网络视频的具体含义。

入手，有的是从网络视频的存在形式入手，其实际涵盖的范围并无大的差别。但是，作为规范的学术研究，本书认为，在界定网络视频含义的时候，应当做到内涵准确、外延清晰。如果按照该标准的要求，上述界定中都存在一定的问题：其一，网络视频行业技术进步快，如果仅仅从技术特征上下定义，就难以涵盖新技术出现后的网络视频的界定问题（例如，流媒体是最近出现的技术，但是也可能很快就被取代；P2P 技术实际上也存在不断换代的问题，现在所谓的 P2P 技术已经与最早出现的 P2P 技术存在较大差别）。其二，网络视频行业不断出现新的视频形式，如果采取闭合式列举方式，难免会出现以偏概全的局面。例如，过去的网络视频主要是电影、电视剧形态，但是现在出现了大量的自拍视频形态。如果将网络视频限制为电影、电视剧的表现形态，就无法涵盖大量的自拍视频形态，而自拍视频形态同样存在著作权保护的问题。因此，在网络视频的界定问题上，只能结合本书的研究目的，抓住网络视频的本质特征，不对其具体的表现形式以及技术特征做限制性表述（不采取闭合式列举方式），这才较为妥当。

综上所述，在本书看来，网络视频就是指网络领域的声像文件，至于这些声像文件是否以流媒体方式播放、是否由网络视频服务商提供、是否采用 RealPlayer 等播放器进行播放等都无关紧要。以流媒体方式播放等特征仅可以用来描述当前网络视频的某些技术特征，但本身不能作为网络视频内涵的一部分。

网络视频成为法律的保护对象，还需要与相关法律术语完成对接。我国刑法和著作权法虽然都未使用网络视频术语，但是相关术语可以涵盖网络视频的基本内容。著作权法使用了影视作品术语，即“电影作品和以类似摄制电影的方法创作的作品”，《著作权法实施条例》对“电影作品和以类似摄制电影的方法创作的作品”进行了解释，即“摄制在一定介质上，由一系列有伴音或者无伴音的画面组成，并且借助适当装置放映或者以其他方式传播的作品”。理论界一般认为，影视作品包括电影作品、电视作品、录像作品以及其他的光盘作品（DVD，CVD）等。与录像作品近似的还有一个概念，即录像制品，但两者并不相同。录像作品与电视剧一样，通常是在编剧的基础上，通过导演、摄制、作曲、录音、剪辑、合成等一系列独创性活动产生的，进而产生的是著作权（狭义）；录像制品是对表演、其他形象、影像进行机械录制产生的不具备作品所应具备的独创性，不构成作品，所产生的是邻接权，即与著作权有关的权利（广义上的著作权）。录像制品作为一种声像文件，也可以在网络上进行传播。我国刑法第217条规定了侵犯电影、电视、录像作品（以上可合称影视作品）和录像制品著作权（含邻接权）的刑事责任。因此，本书研究的网络视频包括可以在网络上传播的影视作品和录像制品。至于影视作品和录像制品的含义，可以依据刑法和著作权法的规定来认定。

日常生活中也经常使用在线视频、在线影视、网络影视、网上影视、网上影院等术语，使用者使用这些术语实际指代的就是网络视频。但是，考虑到以下因素，本书统一使用网络视频术语以开展学术研究：其一，网络视频术语具有更大的科学性。前已述及，视频包含了影视作品，但又不限于影视作品，还包括录像制品，因而相对于网络影视、在线影视、网上影视、网上影院等术语具有更大的包容性。其二，“在线”与“网络”虽然可以在同一种含义上使用，但是“网络”术语约定俗成，使用也更为广泛。[①]

二、网络视频著作权侵权行为的基本类型

网络视频作为一种视频播放和观看模式，不仅与传统的电视、影碟机播放、观看模式不同，而且随着网络技术的发展其模式还处于不断变动之中，相应的，其著作权侵权形态也复杂多样。

网络视频著作权侵权行为可以从不同角度进行分类。

（一）根据侵权主体进行划分，可划分为网络用户实施的侵权行为和网络服务提供商实施的侵权行为

民法典第 1194 条（原侵权责任法第 36 条第 1 款）规定："网络用户、网络服务提供者利用网络侵害他人民事权益的，应当承担侵权责任……" 该条规定了网络侵权行为自己责任的规则，即网络用户和网络服务提供者因为自己的过错造成了他人的损害，应当承担侵权责任。

网络用户，是指利用网络服务提供者的服务在互联网空间进行各种活动的人。网络用户包括自然人用户和企业用户两类。网络用户在互联网空间实施了侵权行为，当然要承担民事责任。

网络服务提供商具体又可以分为网络技术服务提供商和网络内容服务提供商。作为媒体的互联网，在提供各类资讯和信

① 例如，2013 年 11 月 13 日优酷土豆、搜狐视频、腾讯视频等联合产业链上下游企业，组成"中国网络视频反盗版联合行动"，集体抵制百度、快播等日益严重的网络视频盗版、盗链行为，该行动成为行业关注焦点，也使网络视频这个术语广为人知、广为接受。此外，cnnic 也仅使用网络视频这个术语。

息服务的时候，也会像传统媒体一样发生侵害他人权益的行为。北京市高级人民法院于2012年12月31日发布的《关于视频分享著作权纠纷案件的审理指南》指出，视频分享服务是指网络服务提供者为网络用户提供作品、表演、录音录像制品的存储空间服务。网络服务提供者主张其提供视频分享服务，可以通过提交上传者用户名、注册IP地址、注册时间、上传IP地址等用户注册资料及上传信息等予以证明。从该规定也可以看出，网络服务提供者同样可以成为网络视频的侵权主体，只不过主张自己提供的仅仅是视频分享服务不应承担侵权责任的，则需要提供相应的证明。

（二）根据侵权对象进行划分，可划分为侵犯电影作品的侵权行为、侵犯电视作品的侵权行为、侵犯录像制品的侵权行为以及侵犯其他视频作品的侵权行为

电影作品，是指摄制在一定载体上，由一系列有伴音或无伴音的画面组成，并且借助适当的装置放映、播放的作品。电视作品，是指电视台通过载有声音、图像的信号传播的作品。电影作品和电视作品合称影视作品。随着时代的发展，影视作品可通过多样化的通讯方式呈现出来，展现给大众观看和分享，如手机、电脑、iPad等。

录像作品，是指摄制在一定物质上的，由一系列有伴音或者无伴音的画面组成的，需要借助专门的装置才能放映、播放的作品，如电影、电视、录像带等。可见，录像作品比电影作品、电视作品范围更广，除了电影作品、电视作品以外，还包括各种录像带作品。

录像制品，是指将已制作成功的作品再重新进行翻录，完

全运用原制成品的各项标准、要求，或是机械地将表演者的表演或景物录制下来的非智力创作成果。

录像作品与录像制品的区别在于是否具有独创性。录像制品的制作人在录制过程中不需要发挥想象力、不需要发挥创造性，只是一种复制技术，不属于著作权法中规定的作品范畴。而在录像作品制作过程中，则需要充分发挥想象力和独创性。例如，对表演者的表演动作的创造、置景、配音、摄制技术的运用、剪辑等。

（三）根据侵权作品形态进行划分，可划分为侵犯网络形态的视频作品、制品的侵权行为与侵犯非网络形态的视频作品、制品的侵权行为

就版权保护形态而言，网络视频与非网络形态的视频作品、制品，作为版权的保护客体并无特殊之处，因而各国立法并未将其作为独立的类型，而是采取网络视频与非网络视频一体化的立法模式。但是，网络视频产业相对于普通视频产业，盗版之所以更加猖獗，主要是与网络视频相对更加容易受到侵害有关，因而在法律适用、理论争议等方面具有特殊性。

（四）根据侵权行为方式进行划分，可划分为直接侵权行为和间接侵权行为

1. 直接侵权行为

直接侵权行为，是指行为人直接侵犯著作权的行为，具体是指实施著作权法规定的未经许可复制、发行、信息网络传播等侵权行为。著作权法中任何专有权利的作用都在于控制特定行为。例如，发行权控制的是以转移作品载体所有权的方式向公众提供作品原件或复制件的行为，即“发行”行为。如果未

经许可实施某种受特定专有权利控制的行为（如出售盗版电影光盘就是一种未经电影权利人许可，向公众发行电影作品复制件的“发行”行为），除非这种行为属于著作权法规定的“限制与例外”，否则，该行为构成对该专有权利的直接侵权。[①]

网络用户和网络服务提供者都可能实施直接侵权行为。例如，网站等经营主体播放网络视频，必须拥有大量的视频资源。因此，许多网站未经著作权人同意，直接将大量的网络视频存放在其服务器中（如果是正版资源或者自行拍摄的网络视频，当然是合法行为）以供下载。[②] 该类侵权行为是互联网发展初期盗版的主要形式。随着打击力度的不断加大，网络服务提供者实施这种行为的已经越来越少，但网络用户实施直接侵权行为的仍然屡禁不止。

在该种模式下，行为人（网络用户和网络服务提供者）本身就成为内容提供者，不管其内容形式如何，其侵犯信息网络传播权是毋庸置疑的，认定为侵犯著作权犯罪较为容易。当然，也存在一定的困难之处，如在著作权法将信息网络传播权与复制权、发行权并列规定的情况下，这种在著作权法上侵犯信息网络传播权的行为能否认为是侵犯了刑法中规定的复制权、发行权；网络环境下“以营利为目的”如何认定；网络环境下犯罪情节如何把握（例如，视频作品长短不一、大小各异，甚至差别极大，如何计算视频作品的份数等）。当然，由于第三人构

---

① 参见王迁：《网络环境中版权直接侵权的认定》，载《东方法学》2009 年第 2 期。

② 例如，“华夏影视网”在未经著作权人许可的情况下，在其服务器内存储 4000 多份盗版视频，网络用户通过网络汇款等方式缴费成为会员，就可以在线观看或者下载网络视频。

成间接侵犯著作权犯罪以有行为人构成直接侵犯著作权犯罪为前提（限制的从属性理论），因而上述难题也会在间接侵犯著作权犯罪中出现。

2. 间接侵权行为

我国著作权法中并没有“间接侵权”这一概念。由于深受美国知识产权法律规则的影响，我国学者和法院将美国法院判例中确立的“帮助侵权”“引诱侵权”“代为侵权”等规则介绍到了国内，谓之“间接侵权”。其基本含义是第三人虽然没有直接侵犯他人著作权，但由于他协助、诱导了第二人的侵权，或者由于他与第二人之间存在某种特殊的关系，应该由他承担一定的侵权责任。① 间接侵权是相对于直接侵权而言的，是学术界对知识产权侵权行为所做的学理分类。

在上述各种侵权行为中，个人网络用户实施的侵权行为主要是直接侵权行为，具体表现为将盗版网络视频作品上传至网络或者非法下载盗版作品等行为。这种行为方式虽然是网络视频侵权行为中最为常见的，也可谓网络视频侵权行为的始作俑者，但是由于个人用户在网络上不易查找或者查找成本太高、个人行为不一定构成犯罪（我国对侵犯著作权犯罪有刑事门槛要求），追究刑事责任较为困难。因此，版权人和司法机关通常不追究个人网络用户的刑事责任。

单位网络用户直接侵犯网络视频版权的情形较为少见，即使存在，也可以与上述个人网络用户一样适用追究刑事责任的标准和办法，因而也不是实务中的突出、疑难问题。

---

① 参见李明德、许超：《著作权法》，法律出版社 2003 年版，第 225 页。

网络服务提供商既可能实施直接侵权行为，也可能实施间接侵权行为。早期的网络服务提供商多实施直接侵权行为，但随着国家打击力度的加大，现在实施直接侵权行为的已较为少见。而且实施直接侵权行为，理论界争议较小，一般按照刑法的规定处理即可。但是，网络服务提供商实施的间接侵权行为则是理论界争议最大的问题。在该问题上，目前世界各国和地区还没有得出一致意见。尽管要求追究网络服务提供商实施间接侵权行为的刑事责任的意见似乎是一致的，但是在追究刑事责任的理论基础、判断间接侵权行为的依据等方面则存在较大争议，因而是本书的研究重点。

三、网络视频著作权保护的刑事立法

我国刑法与刑事司法解释并没有专门针对网络视频著作权刑法保护的具体规定。同样，外国刑事立法中也没有专门针对网络视频著作权刑法保护的具体规定。网络视频著作权的刑法保护问题需要借助刑法、知识产权法对影视作品、录像制品著作权的刑法保护来加以分析。限于资料，本书仅选取几个有代表性的国家和地区关于影视作品与录像制品著作权刑法保护的立法规定。

（一）德国

根据德国著作权法等有关法律的规定，侵犯著作权的犯罪行为主要有以下几种：第一种，未经许可使用著作权罪。德国著作权法规定：（1）在法律许可的情况之外，未经著作权人许可，对作品、改编或改写的作品进行复制、传播、公开复述的，处 3 年以下监禁或者罚金；（2）本罪的未遂也应受到刑事处罚。

第二种，不经许可显示著作人名称罪。德国著作权法第 107 条规定：（1）未经著作权人许可，在已经完成的艺术作品的原件上标记著作权人的著作权标志，或者散发标记这种标志的作品的原件。（2）在已经完成的艺术作品的复制品、加工品或者改制品上标记使复制品、加工品或者改制品看起来像原件的著作权标志，或者将标记这种标志的复制品、加工品或者改制品加以传播，处 3 年以下监禁和罚金，如果该种行为不能适用其他规定予以更加严厉的处罚的规定的话。（3）本罪的未遂应当受到刑事处罚。第三种，侵犯邻接权以及与著作权有关的其他权利罪。对于在法定许可情况外不经权利人许可所为的下列行为，处 3 年以下监禁或罚金：（1）非法复制或传播、公开复述尚未获得著作权保护的科学性履行物或者这种成果的改编或改写作品。（2）非法使用他人在著作权保护期满以后发表的遗作或者加工、改编这种遗作的。（3）非法复制、传播或者展出照片或者照片上的加工、改编作品的。（4）非法使用艺术表演者之表演的。（5）非法使用录像、录音制品的。（6）非法使用电台广播节目的。（7）非法使用电影的。（8）非法使用数据的。第四种，不法营业使用之罪。如果行为人从事非法的复制或传播系营业性质，则处以 5 年以下的监禁或罚金。

（二）法国

法国知识产权法规定了以下几种侵犯著作权的犯罪：第一种是有关盗版的犯罪，指违反有关版权的法律与法规，出版文字作品、音乐作品、绘画、油画或其他作品，无论是印刷还是刻制，全部或部分出版的行为。相关的犯罪有在法国盗版法国或者国外出版的作品的行为，贩卖、输出或者输入盗版作品的行为，非法复制、上演、传播他人精神作品的行为。第二种是侵犯文学艺术作品邻接权的犯罪，指在应当获得许可的情况下，未经表演者、音像制品生产者、视听传播企业的许可，有偿或者无偿地拍摄、复制、传播或者交由公众使用，或者经无线转播现场表演节目的行为，未经许可进出口音像制品的行为，私自复制或者向公众转播以及无线转播录像、录音片带而不向音像制品的制作者、表演者、生产者支付报酬的行为。

（三）日本

日本著作权法第119条至第124条规定了以下几种侵犯著作权犯罪：第一种是侵权罪，指侵犯作者人格权、版权、出版权或著作邻接权的行为。第二种是侵犯已亡作者人格权罪，指在作者死亡后侵犯作者人格权的行为。第三种是诈称作者姓名罪，指将非作者的实名或变名作为作者姓名用于作品的复制物上并发行此复制物的行为。第四种是擅自复制、发行外国原盘商业用唱片罪。国内唱片制造厂家取得外国唱片原盘，制作商业用唱片后，除自将声音首次固定于原盘之日所属年的第二年起20年以后复制、发行的情况外，对于擅自复制此商业唱片并将之发行的人，处1年以下有期徒刑或10万日元以下的罚金。第五种是不注明出处罪，指必须注明作品出处时，违反规定不注明作品出处的行为。另外，根据日本著作权法的规定，在从事法人或个人的业务中，雇员犯侵犯著作权罪的，不仅对行为者本人，而且对作为该行为者的雇主的法人或个人也处以有关各条规定的罚金。

（四）英国

英国将侵犯著作权的犯罪行为集中规定在著作权法第107

条中。该条第1款规定，未经版权所有人许可而实施下列行为者构成犯罪：（1）为出售或出租之目的而制作；或者，（2）非为私人或家庭使用之目的而向联合王国进口；或者，（3）在实施任何侵犯版权行为之观点的支配下而在商业过程中占有；或者，（4）在商业过程中（a）出售或出租，或者（b）提议或公示欲出售出租，或者（c）公开展览，或者（d）散发；或者，（5）在非商业过程中以损害版权所有人利益的程度散发版权作品的侵权复制件，而且行为人知道或有理由认为此种复制件侵犯版权。该条第2款规定，实施下列行为也构成犯罪：（1）制作专门设计或改造用来复制某一特定版权作品的物品；或者，（2）占有这样的物品，而且行为人知道或有理由认为此物品将被用来为出售或出租或在商业过程中使用之目的而制作作品之侵权复制件。对于邻接权的保护，该条第3款规定，以下方式（接收广播或电视节目的方式除外）侵犯版权：（1）公开表演文学、戏剧或音乐作品；或者，（2）公开播放或放映录音或影片，如果其知道或有理由认为版权将受到侵犯，任何导致这些作品被如此表演、播放或放映的人将构成犯罪。

（五）美国

根据美国法律的规定，侵犯著作权的犯罪行为主要有以下几种：第一种是以营利为目的的侵犯版权的犯罪，指为了商业利益或私人赚钱，涉及在任何180天期间内复制或发行至少1000份侵犯一件或多件录音制品版权的录音制品或复制件；涉及在任何180天期间内复制或发行至少65部侵犯一部或多部影片或者其他音像制品版权的复制件的行为。第二种是欺骗性进行版权标记的犯罪，指任何人出于欺骗的目的，在任何物品上载有这种明知其伪造的版权标记或类似字样；或者任何人出于欺骗的目的公开发行或者为了公开发行而进口载有这种明知其伪造的标记或类似字样的物品的行为。第三种是欺骗性地取消版权标记的犯罪，指任何人出于欺骗性的目的取消或更改有版权作品上的任何版权标记的行为。第四种是伪造说明的犯罪，指任何人在申请第 409 条版权登记时或者在与这项申请有关的任何文字说明中，故意对具体事实伪造说明的行为。

（六）我国香港地区

1997 年 6 月 26 日，我国香港地区制定了《版权条例》并颁布实施。根据该条例，著作权是由法律赋予某些文学作品、戏剧作品、音乐作品或艺术作品（如书本、计算机程序、声音纪录、影片、广播、有线传播节目、绘画、剧本及音乐创作等）作者的知识产权。① 著作权拥有人（作者或其承让人）基本上享有独占权利，可在指定期间复制、出售、分发、输入、表演、广播或经销其作品。任何人未经拥有人同意而擅自使用该拥有人的著作权，需要承担刑事或民事责任，除非他使用该项著作权获得了有关法例的允许或属于豁免的情形。②

目前，我国香港地区关于侵犯著作权犯罪的规定集中规定在《版权条例》中。根据《版权条例》第 118 条的规定，任何人如未经著作权人许可，就侵犯著作权的复制品实施下列行为之一的，即构成犯罪：其一，制作该复制品供出售或者出租之用；其二，将该复制品输入香港，但并非仅供私人和家庭使用；其三，将该复制品输出香港，但并非仅供私人和家庭使用；其

① 参见我国香港地区《版权条例》第 528 章第 2（1）条。

② 参见我国香港地区《版权条例》第 2 部分至第 6 部分。

四，出于交易或业务目的而持有该复制品，以期作出侵权行为；其五，出于交易或业务目的出售或出租该复制品或为此发出要约、为出售或出租而展示该复制品、公开展览该复制品或分发该复制品；其六，并非出于交易或业务目的而分发该复制品，并达到损害著作权拥有人的权利的程度。对于犯罪人，可以判处第五级罚款及监禁 4 年。如果任何被控犯有上述罪行的人证明他不知道或者无理由相信有关的复制品是侵权复制品，则可以不承担刑事责任。如果任何人制作了用以侵权的设备，或将该设备输出、输入香港，占有该设备或者出售、出租该设备或为此发出要约，或为出售或出租而展示该设备，该人也构成犯罪。如果此人证明他不知道也没有理由相信该设备是用以或打算用以制作侵权复制品，以供出售、出租或用以交易或业务目的，则可以免责。任何人如果占有任何设备，而他知道或有理由相信该设备是用以或打算用以制作侵权复制品，以供出售、出租或用以交易、业务目的，此人也构成犯罪。任何人犯有上述罪行，可判处罚款 50 万港元及监禁 8 年。

根据《版权条例》第 120 条的规定，任何人如果在香港以外地方制作任何输往香港而非仅供私人或家庭使用的物品，而他知道该物品假使在香港制作就会构成侵犯著作权的复制品，该人构成犯罪。任何人如果在香港以外地方制作用以制作侵权复制品的设备，而他知道或有理由相信该设备会在我国香港用以或打算用以制作侵权复制品，以供出售、出租或用以交易或业务的目的，该人也构成犯罪。任何人如果在香港以外地方制作或从香港输出用以侵权的设备，而主观上出于故意，那么他也构成犯罪。对于犯罪人，可以判处罚金 50 万港元及监禁 8 年。任何人如果在香港或者其他地方协助、教唆、唆使或促成他人犯上述罪行，则该人在定罪上属于主犯。[①]

自《版权条例》颁布实施以来，我国香港地区政府顺应社会发展变化对知识产权保护提出的要求，及时修订著作权法，使其能跟上时代发展的步伐，其中一些重大的法案修订活动有：

（1）1997年修订《进出口条例》，把光盘母版生产机器的进出口纳入管制范围，有关进出口必须申领海关发出的牌照。

（2）1998年《防止盗用版权条例》正式生效后，光盘制造工场须向海关注册，并在每片光盘上刻上制造者的代码。

（3）2000年《版权条例》及《商品说明条例》被纳入《有组织及严重罪行条例》，以加重刑罚，提高威慑作用，其中包括没收罪犯从事盗版活动所取得的收益。[②]

（4）2001年修订《防止盗用版权条例》，把在戏院、剧院和音乐厅盗录行为列为刑事罪行。

（5）2001年修订《版权条例》，将在业务上使用侵犯著作权物品的行为列为刑事罪行，以打击单位侵犯著作权的行为。该刑事罪行适用于计算机软件、电影、电视剧或电视电影，以及音乐作品。

（6）2002年修订《防止盗用版权条例》，规定母版制造工场须向海关注册及在每片母版上刻上制造者代码。

（7）2004年《版权（修订）条例》生效后，凡在复制服务业务过程中持有享有著作权作品的侵犯著作权复制品，即属刑

---

① 参见吴汉东等：《中国区域著作权制度比较研究》，中国政法大学出版社1998年版，第240页。

② 根据《有组织及严重罪行条例》，法庭可就该条例适用的罪行判处较重的刑罚，而控方亦可向法院申请充公犯罪者的犯罪得益。此外，该条例亦赋予执法者较大的调查和执法权力。

事罪行。[①]

（七）我国台湾地区

我国台湾地区现行的"著作权法"源于1928年国民政府制定的《中华民国著作权法》，共8章117条，其中第7章规定了刑事责任。根据该法的规定，我国台湾地区的侵犯著作权犯罪主要有：

（1）擅自重制他人的著作罪（第91条第1款）。本罪是指未经著作权人许可，而且在不存在法定许可的情况下，以重制（复制）的方法侵害他人的著作财产权的情形。犯本罪的，处3年以下有期徒刑、拘役，或科或并科新台币75万元以下罚金；其代为重制者亦同。

本条中的"重制"，是指印刷、复印、录音、录像、摄影、笔录或以其他方法直接、间接、永久或暂时地重复制作。与1998年"著作权法"相比，2003年"著作权法"扩大了重制的范围，把暂时性重制纳入其中，修改的理由是：按照《TRIPS协议》第9条的规定，成员方应遵守1971年《伯尔尼公约》第1条至第21条的规定。《伯尔尼公约》第9条第1项规定"受本公约保护的文学及艺术著作的著作人应享有不论以任何方式或形式授权重制其著作的专有权利"，为顺应数字化网络科技的发展，应参酌欧盟2001年《著作权指令》第2条及第5条第1项规定，修正"重制"的含义，使其包括"直接、间接、永久或暂时"地重复制作。考虑到惩罚暂时性重制行为影响最大的主

---

① 摘自香港海关前关长汤显明、香港海关高级监督何仕景先生提交给2006年8月19日在北京举行的"侵犯著作权犯罪立法问题学术研讨会"上的发言稿。

要是网络浏览行为，[①] 所以“著作权法”第 22 条第 3 项排除专为网络中继传输等技术操作过程中必要的过渡性、附带性而不具有独立经济意义的暂时性重制，使此类暂时性重制不列入著作权人专属重制权范围。

（2）以营利为目的擅自重制他人的著作罪（第 91 条第 2 款）。本罪是指意图销售或出租而擅自重制他人著作的行为。犯本罪的，处 6 个月以上 5 年以下有期徒刑，得并科新台币 20 万元以上 200 万元以下罚金。

以重制于光碟的方法犯前项之罪者，处 6 个月以上 5 年以下有期徒刑，得并科新台币 50 万元以上 500 万元以下罚金。

“著作权法”明确区分营利与非营利目的的侵犯著作权犯罪，设置不同的法定刑。当年的修正理由指出：根据《TRIPS 协议》第 61 条的规定，对于具有商业规模的故意侵害著作权案件，需制定刑事程序及罚则；外国的立法例：①有以直接或间接营利为目的始构成侵害的要件，并以具有商业或企业的规模才加重科处其罚金至百分之五十者（如墨西哥著作权法第 231-233 条）；②有以对著作权侵害均采告诉乃论罪处的，仅于涉及公共利益时始实行非告诉乃论之罪。此外，对具有商业性的侵权才科以 5 年有期徒刑或罚金者（如德国著作权法第 106-109 条）；③有以营业的方式侵害时，方科以重刑者（如泰国著作权法第 68 条）；④有以侵害总值达一定金额，而论以轻罪或重罪者（如美国著作权法第 2319 条 c 款第 3 项、第 3571 条 b 款）。鉴于不具商业规模的侵害，于各国的立法例多以民事诉讼程序

---

① 因为上网浏览时，网页数据会自动存储于随机存取内存（RAM），如果这种行为被视为违法，网民几乎都无法幸免。

救济，并不以刑罚处罚为必要；惟虽不具营利意图，但其侵害行为结果达一定的份数或金额者，对于著作财产权人仍将造成重大损害，因此宜以刑罚遏制。故就意图营利而以重制的方法侵害他人的著作财产权，以及非意图营利而以重制的方法侵害他人的著作财产权而其侵害结果达一定份数或金额者，予以刑罚处罚。①

（3）侵害著作财产权罪（第 92 条）。本罪是指未经著作权人许可，擅自以公开口述、公开播送、公开上映、公开演出、公开展示、改作、出租或其他方法侵害他人的著作财产权的行为。犯本罪的，处 3 年以下有期徒刑、拘役，或科或并科新台币 75 万元以下罚金。

（4）侵害著作权人人格权罪（第 93 条第 1 项）。本罪是指下列侵犯著作权人人格权情形之一的行为：侵害本法第 15 条至第 17 条著作权人公开发表其著作的权利；侵害著作权人于著作的原件或其复制物上或于著作公开发表时，表示其本名、别名或不具名的权利；侵犯著作权人依法保持其著作的内容、形式及其名目同一性的权利。犯本罪的，处 2 年以下有期徒刑、拘役，或科或并科新台币 50 万元以下罚金。

（5）非法出口罪（第 93 条第 2 项）。本罪是指依照强制授权的规定利用他人著作者将其翻译物或录音著作的重制物销售至我国台湾地区以外的国家或地区的行为。犯本罪的，处 2 年以下有期徒刑、拘役，或科或并科新台币 50 万元以下罚金。

（6）视为侵害著作权罪（第 93 条第 3 项）。我国台湾地区

① 薛景文：《TRIPS 协议执行程序刑事部份解释适用对我国著作权法刑罚章影响之研究》，中国台湾地区台湾大学 2005 年硕士学位论文。

“著作权法”第87条规定下列情形视为侵害著作权，也即在法理上或性质上原本不属于侵害著作权的行为，但是法律为特别保护著作权，将其当作侵害著作权的行为，对于违反者可处2年以下有期徒刑、拘役，或科或并科新台币50万元以下罚金：第一，以侵害著作权人名誉的方法利用其著作者。这种行为与侵害著作权人人格权的行为不同，它是以损害著作权人本身的名誉的方法，利用著作权人著作的行为。第二，明知为侵害著作权之物而散布，或意图散布而陈列或持有，或意图盈利而出售。此规定主要是考虑到侵害著作权行为类型主要在于复制、销售等行为，对于中间的散布者而言，虽然没有直接的复制或买卖行为，但是为了彻底根除侵犯著作权的行为，对于中间的散布者也不应放任不管。因此，对于散布盗版之物，或为了散布而陈列或持有侵权复制品，或是为了盈利而销售盗版者产品，均应以犯罪处理。第三，意图在台湾地区所辖区域内散布而输入在该区域内复制系属侵害著作权之物者。本项规定又包括两项情形：一种情形是如果外国人甲的某项著作在当地法律保护期为30年，但在台湾地区保护期为50年，则如果台湾地区的居民乙在31年后（该著作在该外国已不受保护）将甲在国外的著作的复制品输入台湾地区销售，此时因为乙在台湾地区复制该产品仍属于违法行为，所以法律将其规定为为了散布而输入该产品。另一种情形是指平行进口。例如，美国著作权人甲将产品销售给经销商乙，并约定该产品仅限在中国大陆和香港地区销售，但是乙却违约将该产品销售给台湾地区居民丙，此时如果丙在台湾地区销售该产品，即属于违法行为。第四，明知是侵害电脑程序著作财产权的复制物品而仍作为直接盈利的使用者。由于电脑程序价值较高，如果放任使用者对来路不明的盗版程序加以利用，必将严重损害权利人的合法权益。因此，法律规定，不仅对盗版者予以处罚，而且对明知是侵害电脑程序著作的财产权的复制物而加以利用者，仍要予以处罚。

（7）侵害已亡作者著作人格权罪（第95条第1项）。著作权人死亡或消灭后，其著作人格权的保护，视同其生存或存续期间，任何人不得侵害。侵害已亡作者的著作人格权的，构成本罪。但是，根据利用的行为的性质及其程度，社会的变动或其他情势的变更可以不认为违反该著作权人的意思的，不属于侵害已亡作者的著作人格权的行为，不受处罚。犯本罪的，处1年以下有期徒刑，得并科新台币5万元以下的罚金。

（8）侵害制版权罪（第95条第2项）。我国台湾地区“著作权法”中的制版权是指无著作财产权或者著作财产权消灭的台湾地区居民的文字著述或美术著作，经过制版人就文字著述整理排印或就美术作品原件影印制版而专有以印刷或类似的方式复制的权利。制版权与一般著作权不同，并非自创作完成即受到法律保护，该权利必须先登记才享有。同时，根据台湾地区“著作权法”第97条的规定，必须限于台湾地区居民的文字著述或美术作品才可以享有制版权。制版人的权利自制版完成时起算存续10年。该10年保护期间，自该期间届满当年的最后一天为期间的终止。有侵害制版人的这种制版权的行为，可以构成本罪。犯本罪的，处1年以下有期徒刑，得并科新台币5万元以下的罚金。

（9）视为侵害制版权罪（第95条第3项）。有下列行为之一的，视为侵害制版权的行为：以侵害著作人的名誉的方法利用其著作者；明知为侵害制版权的物品而散布，或意图散布而陈列或持有，或意图盈利而买卖者；意图在我国台湾地区管辖区域内散布而输入在该区域内复制系属于侵害制版权之物者。

（10）拒不销毁修改、重制的电脑程序罪（第96条）。这是指违反我国台湾地区“著作权法”第59条第2项规定的行为。根据该条的规定，合法电脑程序著作复制品的所有人可以结合其使用的机器的需要，修改其程序，或因备用存档的需要复制其程序，但仅限于该所有人自行使用。所有人因灭失以外的事由，丧失原复制物的所有权者，除经过著作权人同意以外，应将其修改或重制的电脑程序销毁。否则即可以构成本罪。犯本罪的，处新台币5万元以下的罚金。

（11）不履行注明义务罪（第96条）。这是指违反我国台湾地区“著作权法”第64条规定的行为。本罪是指依法利用他人著作时，未能注明著作出处的行为。在法定许可或合理使用的情况下，利用他人著作者应当就著作人的姓名或名称以合理方式标明。犯本罪的，处新台币5万元以下的罚金。

（12）破坏权利管理电子资讯罪（第96条之一）。根据我国台湾地区“著作权法”第80条之一的规定，著作权人所为的权利管理电子资讯，不得移除或变更（有下列情形之一者，不在此限：因行为时的技术限制，非移除或变更著作权利管理电子资讯即不能合法利用该著作。录制或传输系统转换时，其转换技术上必要的移除或变更）；明知著作权利管理电子资讯，业经非法移除或变更者，不得散布或意图散布而输入或持有该著作原件或其重制物，亦不得公开播送、公开演出或公开传输。违反上述规定，可以构成破坏权利管理电子资讯罪，处1年以下有期徒刑、拘役，或科或并科新台币2万元以上25万元以下罚金。

关于犯罪所得以及罚金，台湾地区“著作权法”第96条、

第98条、第99条规定："犯第九十一条至第九十三条、第九十五条至第九十六条之一的犯罪，供犯罪所用或因犯罪所得之物，得没收之。但犯第九十一条第三项及第九十一条之一第三项之罪者，其得没收之物，不以属于犯人者为限。犯第九十一条至第九十三条、第九十五条之罪者，因被害人或其他有告诉权人的声请，得令将判决书全部或一部登报，其费用由被告负担。依本章科罚金时，应审酌犯人的资力及犯罪所得的利益。如果所得的利益超过罚金最多额时，得于所得利益的范围内酌量加重。"

关于单位犯罪的处罚，台湾地区"著作权法"第101条规定："法人的代表人、法人或自然人的代理人、受雇人或其他从业人员，因执行业务，犯第九十一条至第九十三条、第九十五条至第九十六条之一之罪者，除依各该条规定处罚其行为人外，对该法人或自然人亦科各该条之罚金。对前项行为人、法人或自然人之一方告诉或撤回告诉者，其效力及于他方。"

对于侵犯著作权的案件，我国台湾地区实行公诉与自诉相结合的诉讼原则："本章之罪，须告诉乃论。但犯第九十一条第三项及第九十一条之一第三项之罪，不在此限。"（第100条）

从上述各国、地区刑法或者知识产权法（著作权法）的规定来看，并没有直接规制影视作品和录像制品的条款，但是都无一例外地规定了对作品（或者对作品进行列举，如我国大陆地区刑法、我国香港地区《版权条例》）的著作权（邻接权）刑法保护。由于影视作品和录像制品都可以纳入作品、制品，因而实际上都可以得到各国著作权（邻接权）法的保护。以我国刑法为例，我国刑法明确列举了"音乐、电影、电视、录像作品、计算机软件及其他作品"或者"录音录像制品"受刑法保护，而影视作品、录像制品则可以分属于上述“音乐、电影、电视、录像作品”或者“录像制品”，因而都可以得到刑法的保护。再以德国著作权法为例，对于非法使用艺术表演者之表演的，非法使用录像、录音制品的，非法使用电台广播节目的，非法使用电影等行为的均构成侵犯著作权罪。如果是非法上传网络视频，则可以根据网络视频的属性，分别以非法使用录像制品、非法使用电影等行为论处，进而按照侵犯著作权罪处罚。

由此也可以看出，网络视频盗版犯罪问题只是侵犯影视作品和录像制品著作权犯罪中的一个子问题，各国立法不可能专门针对网络视频盗版犯罪问题直接进行具体的规定。因此，有关网络视频著作权的刑法保护问题，应当运用各国刑法、著作权法的有关规定进行保护。

第二节　网络视频著作权链接中的间接侵权问题

前文已述及，侵犯著作权行为可以分为直接侵权行为和间接侵权行为。其中，直接侵权行为构成侵犯著作权犯罪的相对容易判断，涉及的争议问题较少（除了下文将要论述的视频份数的判断、点击量的计算等与间接侵权行为构成犯罪的认定中存在共性的疑难问题以外，直接侵权行为构成犯罪的认定中存在的主要争议就是信息网络传播行为与复制发行行为的关系问题）。但是，在间接侵权行为构成侵犯著作权犯罪的认定中，除了前述共性的疑难问题以外，还存在一些特殊的疑难问题需要加以研究。

一、间接侵权行为概述

著作权法学界通常认为，区分构成直接侵权和间接侵权的标准在于，在未经著作权人许可的情形下某种行为是否受专有权利的直接控制，如未经许可实施受“专有权利”控制的行为就构成“直接侵权”。反之，如果该行为不受专有权利控制，就不构成对专有权利的“直接侵权”。只有该行为属于对“直接侵权”行为人进行引诱、教唆或帮助时，才有可能构成“间接侵权”。有学者提出，判断直接侵权和间接侵权的具体标准是采用“服务器标准”，而不是“用户感知标准”。[①] 该观点目前还是著作权法学界的通说。由此，在网络环境下，如搜索引擎服务提供商、平台服务提供商一般并不直接侵犯著作权人的“专有权利”，因而不应该承担“直接侵权”的责任。鉴于这些中介为直接侵权行为客观上提供了实质性帮助或教唆，因而应当科以“间接侵权”的责任。

在著作权法学界，取得共识的间接侵权行为包括以下几类：

1. 帮助侵权

帮助侵权，又称辅助侵权，是“间接侵权”理论的下位概念，是指行为人在知道或有理由知道直接侵权行为存在的情况下，向直接侵权人提供了诱导、指使或其他实质性帮助的行为。版权领域的帮助侵权的构成要件有：(1)“知道”，即帮助侵权者有主观上的故意。(2) 以引诱、促使或以提供物质手段的方

---

① 参见王迁：《网络环境中版权直接侵权的认定》，载《东方法学》2009 年第 2 期。

式帮助他人侵权。[①]

有学者认为，结合他国司法实践，我国著作权立法应明确规定独立的著作权帮助侵权行为种类。在具体实践中，对帮助侵权的认定应注意以下问题：（1）须有直接侵权行为存在为前提。没有直接侵权行为就不能认定存在帮助侵权行为。（2）行为人必须具体知道侵权人利用其所提供的产品或服务正在从事直接侵权行为，对于行为人可推断知道其产品或服务被用于侵权的，并不承担责任。（3）行为人须有能力或权利对将自己的产品或服务用于侵权目的的行为采取停止的措施，不具备权利或能力的，也不应承担帮助侵权责任。（4）行为人是否获利并不影响其帮助侵权行为的成立。[②]

在美国著名的葛罗科斯克（grokster）案中，被告因提供软件供用户下载侵权文件而被判“帮助侵权”。尽管被告援引1984年索尼（sony）案所确定的“实质性非侵权用途”规则进行抗辩，美国联邦最高法院仍以“实质性非侵权用途”标准的适用须有严格前提——“除了产品被用于侵权行为之外，没有其他证据能够证明产品提供者有意引诱他人侵权；如果一个人故意引诱或鼓励他人从事直接侵权行为就可以构成帮助侵权”，驳回了被告的这一抗辩。

---

① 参见李明德：《美国知识产权法》，法律出版社2003年版，第217页。

② 参见谢惠加：《试论著作权间接侵权规则的法定化——兼论著作权间接侵权规则的经济分析》，载《河北法学》2007年第2期。

2. 诱导侵权

有学者认为，在美国葛罗科斯克案中，最高法院确立了判断 P2P 技术应用侵权的一项新标准——“积极诱导侵权”规则。[①] 其主要依据就是美国联邦最高法院在该案中的观点，“通过对 P2P 软件提供商（被告）的示意及其被告采取的积极诱导行动的考察，发现其有鼓励侵权的意图，故认定被告的目的就是通过促进对其产品的使用来侵犯版权。在这种情况下，被告应该为第三人使用其产品而导致的侵权活动承担责任，而不用考虑产品是否具有合法用途”。该案的主审法官认为，诱导的最典型情形就是通过广告和请求信息诱使他人从事侵权活动。

有学者提出，认定诱导侵权暗含一个重要的前提就是诱导行为和直接侵权行为之间存在因果关系，即直接侵权行为人的确是因为受到了诱导才实施该侵权行为的，因而认定诱导侵权。[②]

但也有学者认为，知识产权侵权中的诱导侵权实质上就是帮助侵权，因为在网络侵权领域中很少有不提供实质性帮助的诱导行为。网络服务提供者的诱导行为通常是通过帮助来实现的，离开了实质性帮助，诱导目的就难以实现。例如，P2P 平台服务提供者只在网上宣传可以免费下载他人享有版权的软件和电影文件而不提供这些文件的种子，网络终端用户是无法通过这一诱导行为来实现免费下载的。只有通过“诱导加帮助”，

---

① 参见杨晖、马宁：《积极诱导规则——从 grokster 案看 P2P 侵权的新标准》，载《电子知识产权》2005 年第 8 期。

② 参见崔国斌：《P2P 软件背后的版权责任认定——台湾飞行网案评析》，载《月旦民商法》2006 年第 11 期。

网民的直接侵权行为才能完成。①

综上，在民事法领域，间接侵权从理论上分类，可以分为帮助侵权、诱导侵权（教唆侵权）等不同种类。帮助侵权具有广义与狭义两个层面的含义。广义上的帮助侵权几乎等同于间接侵权行为，即涵盖了帮助侵权（狭义）、诱导侵权行为；而狭义上的帮助侵权仅限于帮助侵权行为，是与诱导侵权相并列的间接侵权行为方式。现实生活中引起争议的间接侵权行为的表现形式，均可以依照其行为特点归属于不同种类的间接侵权。

二、网络视频间接侵权行为的具体表现形式

（一）用户共享型网络视频播放侵权模式（网络平台共享侵权模式）

大多数网站向用户提供网络共享服务，其特点是：在网站提供共享影视平台的基础上，由用户向网站服务器自行上传网络视频，同时可以点播观看所有其他用户上传的网络视频。这些网络视频可以分为以下两种：

其一，用户自行拍摄的录像制品，甚至是影视作品。随着视频制作工具的简单化与普及化，普通公众足可以制作、发布影视作品、制品，进而将自己喜欢的作品、制品上传至分享网站，得到满足或者获得成就感。这种形式无疑是合法的，不存在侵犯著作权的问题。不少网站如优酷、土豆网都提供了该共享模式。

其二，将他人拥有版权的影视作品、制品上传至网站并进

---

① 参见黄武双、李进付：《P2P侵权纠纷在我国民事侵权责任体系下的解决路径》，载《知识产权法研究》2008年第1期。

行交流（供他人下载或浏览等）。这是当今网络视频盗版猖獗的重要原因，也是打击难度较大的一种，由此引发的理论争议就是 P2P 技术下的网络视频盗版的打击问题。也有学者称之为网络存储型视频网站模式、网络平台共享模式。

这种表现模式涉及的理论争议主要是避风港规则的适用问题。我国《信息网络传播权保护条例》第 22 条规定："网络服务提供者为服务对象提供信息存储空间，供服务对象通过信息网络向公众提供作品、表演、录音录像制品，并具备下列条件的，不承担赔偿责任：（一）明确标示该信息存储空间是为服务对象所提供，并公开网络服务提供者的名称、联系人、网络地址；（二）未改变服务对象所提供的作品、表演、录音录像制品；（三）不知道也没有合理的理由应当知道服务对象提供的作品、表演、录音录像制品侵权；（四）未从服务对象提供作品、表演、录音录像制品中直接获得经济利益；（五）在接到权利人的通知后，根据本条例规定删除权利人认为侵权的作品、表演、录音录像制品。"如果提供存储服务是不符合上述避风港规则而侵犯著作权的，则要承担民事责任。

《信息网络传播权保护条例》从反面规定了不承担帮助侵权责任的问题，对于视频分享服务的法律性质及侵权认定要件则没有明确规定。为了解决实践中的争议问题，北京市高级人民法院于 2012 年 12 月 31 日发布的《关于视频分享著作权纠纷案件的审理指南》指出，视频分享服务是指网络服务提供者为网络用户提供作品、表演、录音录像制品的存储空间服务。视频分享服务不构成对他人信息网络传播权的直接侵犯，但同时符合以下条件，网络服务提供者与网络用户构成共同侵权，承担连带责任：（1）网络用户利用视频分享服务提供涉案作品、表演、录音录像制品系侵犯他人信息网络传播权的行为；（2）网络服务提供者知道或有合理的理由应当知道网络用户利用其视频分享服务提供涉案作品、表演、录音录像制品系侵犯他人信息网络传播权的行为，且未及时采取必要措施。网络服务提供者利用其服务模式诱导、鼓励网络用户提供侵犯他人信息网络传播权的作品、表演、录音录像制品的，构成教唆网络用户实施侵权行为。网络服务提供者接到权利人的通知后，未在合理期限内删除涉案作品、表演、录音录像制品，且同时符合以下条件的，应当对损害的扩大部分承担连带责任：（1）网络用户提供涉案作品、表演、录音录像制品的行为系侵犯他人信息网络传播权的行为；（2）通知中包含的信息足以使网络服务提供者准确定位涉案作品、表演、录音录像制品。

上述《关于视频分享著作权纠纷案件的审理指南》明确规定了帮助侵权和诱导侵权（教唆侵权）承担责任的各种情形与具体条件，为实践中认定该行为提供了较为清晰的操作规范。但是，这些民商事领域的裁判规则如何适用到刑事审判领域，还需要再行研究。

（二）搜索、链接型网络视频侵权模式

一些网络服务提供商提供搜索、链接型的网络视频服务，即不提供网络视频的服务器存储，而是以各种技术手段，通过在搜索之后链接或者直接链接其他视频网站上视频资源的形式提供网络视频服务。

网络视频的链接服务可以分为不同的类型。根据链接的程度，可以分为一般链接与深度链接。所谓网络视频的一般链接，是指设链者在其网站或者网页上直接显示一般链接的标志，网

络用户能够清楚地知道设链者的网站或者网页同其他的网站或者网页建立了链接关系。

在网络视频的深度链接中，设链者则将被链接对象的网址隐藏在自己的网站或者网页之中，类似于电视台转播其他台的电视节目，但显示的是自己的台标，隐藏了被转播的电视台的台标，使观众以为是自己电视台的节目一样。有学者甚至认为，深度链接实际上已经不再是通常意义上的链接了，而是一种实质的网络播放行为，只不过是使用了其他网站的服务器上的资源而已。①

2011 年最高人民法院以司法解释性文件明确规定："信息网络传播行为，是指行为人通过上传到网络服务器、设置共享文件或者利用文件分享软件等方式，将作品、表演、录音录像制品置于信息网络中，使公众能够在个人选定的时间和地点以下载、浏览或者其他方式获得的行为。"按照该规定，构成直接侵权，行为人必须有一个直接向服务器上传作品的行为。否则，便不能落入信息网络传播权的保护范围，不能构成对信息网络传播权的直接侵权。在网络视频的深度链接中，设链者并没有直接上传作品，作品仍然系由被链接的视频网站上传并存储于其服务器上，因此，深度链接的行为并没有直接侵害网络视频著作权人的信息网络传播权，因而只能划入间接侵权的范畴。

国内司法机关大都按照间接侵权的原理处理涉及深度链接的民事案件。例如，著名的"新力唱片公司诉济宁之窗信息有

---

① 对此也有不同意见。例如，王迁教授认为采用服务器标准，这种情形仍然属于链接行为，即间接侵权行为。如果认为是播放行为，显然是采用了用户感知标准，即直接侵权行为。

限公司侵犯信息网络传播权案”、“十一大唱片公司诉雅虎案”、“七大唱片公司诉百度案”以及“浙江泛亚电子商务公司诉百度案”等。在这些典型的民事案件中，人民法院均驳回了原告有关被告设置深度链接（包括加框链接等各种深度链接方式）构成信息网络传播行为和直接侵权的诉讼请求。其中，最高人民法院针对“新力唱片公司诉济宁之窗信息有限公司侵犯信息网络传播权案”的批复明确指出，网络服务提供者明知有侵犯著作权的行为，或经著作权人提出确有证据的侵权警告，仍然提供链接服务的，可以根据案件的具体情况，依据最高人民法院《关于审理涉及计算机网络著作权纠纷案件适用法律若干问题的解释》第 4 条的规定追究其相应的民事责任。也即追究深度链接者“参与”、“教唆”和“帮助”他人实施侵权行为的共同侵权责任（间接侵权责任），而不是直接侵权责任。“浙江泛亚电子商务公司诉百度案”二审判决也明确指出：“信息网络传播行为是指将作品上传至或以其他方式将作品置于向公众开放的网络服务器中，使公众可以在选定的时间和地点获得作品的行为。……百度网站的服务器上并未上传或储存被链接的涉案歌曲。因此，被告所提供的是定位和链接服务，并非信息网络传播行为。被告不构成对原告相关信息网络传播权的直接侵犯。”

第三节　网络视频个数（集、个、份等）的认定

根据我国刑法的规定，“违法所得数额较大或者有其他严重情节”是构成侵犯著作权罪的定罪情节，而“违法所得数额巨

大或者有其他特别严重情节”是侵犯著作权罪的加重量刑情节。所谓“其他严重情节”，根据有关司法解释的要求，是指“传播他人作品的数量合计在五百件（部）以上的”、“传播他人作品的实际被点击数达到五万次以上的”等；所谓“特别严重情节”，是指数量达到上述标准5倍以上的。[①] 刑法对传播淫秽物品牟利罪构成犯罪虽没有门槛要求，但是2004年9月3日发布的《淫秽电子信息解释》第1条规定，以牟利为目的，利用互联网、移动通讯终端制作、复制、出版、贩卖、传播淫秽电影、表演、动画等视频文件20个以上的，应当依照刑法第363条第1款的规定，以制作、复制、出版、贩卖、传播淫秽物品牟利罪定罪处罚；达到上述标准25倍以上的，应当认定为“情节特别严重”。刑法对构成传播淫秽物品罪要求具备“情节严重”的要求，而所谓“情节严重”，依据《淫秽电子信息解释》中的传播淫秽物品牟利罪的刑事门槛的2倍执行。可见，无论是传播

---

① 2011年最高人民法院、最高人民检察院、公安部《关于办理侵犯知识产权刑事案件适用法律若干问题的意见》（法发〔2011〕3号）中规定：“十三、关于通过信息网络传播侵权作品行为的定罪处罚标准问题以营利为目的，未经著作权人许可，通过信息网络向公众传播他人文字作品、音乐、电影、电视、美术、摄影、录像作品、录音录像制品、计算机软件及其他作品，具有下列情形之一的，属于刑法第二百一十七条规定的‘其他严重情节’：（一）非法经营数额在五万元以上的；（二）传播他人作品的数量合计在五百件（部）以上的；（三）传播他人作品的实际被点击数达到五万次以上的；（四）以会员制方式传播他人作品，注册会员达到一千人以上的；（五）数额或者数量虽未达到第（一）项至第（四）项规定标准，但分别达到其中两项以上标准一半以上的；（六）其他严重情节的情形。实施前款规定的行为，数额或者数量达到前款第（一）项至第（五）项规定标准五倍以上的，属于刑法第二百一十七条规定的‘其他特别严重情节’。”

淫秽物品牟利罪还是传播淫秽物品罪，构成犯罪都要求具备一定的情节，这些情节就包括视频文件的个数。

在上述情节中，如何把握传播淫秽物品犯罪中网络视频的数量（网络视频文件 20 个）或者侵权作品的数量即 500 件（部）中的“件（部）”是一个有争议的问题。具体到网络视频案件来说，不管是侵犯网络视频著作权构成侵犯著作权犯罪，还是传播淫秽网络视频构成传播淫秽物品犯罪，上述问题都演变为如何认定网络视频的“件（部）”的问题。

一、侵犯网络视频著作权案件中的集（个、份等）与近似术语的关系

侵犯网络视频著作权案件中的集（个、份等）与近似术语的关系问题，主要是与司法解释性文件中的件（部）关系问题。

侵犯网络视频著作权案件构成侵犯著作权罪，主要是依据个数（件数）、点击率等确定，因此，准确认定相关数量，对于侵犯著作权犯罪的定罪量刑至关重要。司法解释性文件只是明确了“非法经营数额在五万元以上的”、“传播他人作品的数量合计在五百件（部）以上的”、“传播他人作品的实际被点击数达到五万次以上的”等定罪量刑情节，对于侵犯网络视频著作权案件来说，习惯上适用的数量单位为集（个、份等）①，而不是件（部），于是产生一个问题，对于侵犯网络视频著作权案件的量词单位“个”能否替代为“件（部）”？

本书认为，侵犯网络视频著作权案件的量词单位“个”可以用“件（部）”来代替，理由是：首先，在司法解释精细

① 《淫秽电子信息解释》采用的就是“个”的表述。

化、量刑规范化的大背景下，网络视频数量细化是一个方向，而不是笼统按照“其他严重情节”来处理，这是一个基本的指导思想。其次，在如何细化问题上，按照“件（部）”来理解“个”是合理的。“个”是一个习惯性的口语用法，其规范用语就是“部”。也就是说，“个”是“部”的通俗用法。因而，将司法解释性文件中的“部”进一步解释为包括“个”符合刑法解释的规则。最后，有关司法解释有时使用“个”①，有时使用“件（部）”②，并不意味着两者具有不同含义。前者是更为通俗的说法，后者是更为规范的表述。在 2010 年《淫秽电子信息解释（二）》之后，司法解释开始使用规范的“件（部）”用语。

二、侵犯网络视频著作权案件中“件（部、个）”的认定

近年来，随着手机等移动通讯终端的广泛使用，移动互联网领域侵犯网络视频著作权和传播淫秽物品问题日益严重，大有赶超传统的计算机互联网领域侵犯网络视频著作权和传播淫秽物品的势头。但是，由于手机自身容量小、网费贵等，难以承载大型网络视频的传播需求，因而利用移动互联网传播的侵权或者淫秽网络视频文件往往容量较小、时间较短，甚至不少是将一部完整的视频文件通过技术手段而拆分成数个能独立打开的视频文件的情形。于是就产生以下问题：司法解释性文件

① 《淫秽电子信息解释》。

② 2011 年最高人民法院、最高人民检察院、公安部《关于办理侵犯知识产权刑事案件适用法律若干问题的意见》（法发〔2011〕3 号）。

中的件（部、个）是否应有大小标准的要求（如是否要求300MB为一个标准的视频文件，其他大小的视频文件按照该标准予以折算）？多大的视频文件为标准视频文件？被拆分的视频文件是按照拆分前的个数还是按照拆分后的个数来计算司法解释性文件中的件（部、个）？经过剪辑加工的视频，虽然表现为一件视频但其实际侵犯的著作权原件视频多达数个，如何计算视频的份数？

这种争议并非空穴来风，而是有真实的案例支撑的：2009年4月，被告人陈某某以营利为目的，通过QQ和被告人潘某联系，让其帮助租用境外服务器空间，并注册“4gyt. com”域名，开办手机淫秽网站。2009年11月又让潘某帮助更改域名为“4gyt. me”。2009年4月至2009年12月，陈某某利用该网站上传淫秽图片570张，提供可直接链接的淫秽视频1389个，经鉴定均为淫秽物品。陈某某经营该手机淫秽网站期间，通过为他人做广告推广，获利人民币9268元。潘某明知陈某某开办淫秽网站，仍为其提供租用境外服务器空间，注册、变更域名及解决技术问题等帮助，陈某某共支付给潘某人民币463元。

本案中，陈某某共提供51部有完整独立故事情节的视频文件，又将每部分别拆分成10-34个数量不等的小的视频文件，共计1389个视频文件，均可直接链接独自打开，对其中的内容有关联的视频文件以片名+序号的方法命名，其每一个小的视频文件相当于一篇文章的不同章节或者电视连续剧的其中一集。经过抽样查看，被抽查的视频文件时间长度均在22秒左右，经测算，1389个视频文件的总长度略微超过8个小时，大部分的视频文件容量在250KB左右，上传文件总容量为350MB左右。按照司法实践中通常的认定方法，本案被告人陈某某提供可直接链接的视频文件1389个，超过《淫秽电子信息解释》规定的情节特别严重的标准（视频文件500个）。

对于侵犯网络视频著作权份数的判定，尚未见到有争议的观点和案例。但是，在网络淫秽视频的判定上，一直存在两种不同意见：一种意见认为，对于淫秽视频、音频文件、文章等，应当以自然的个数计算数量，不进行合并或者拆分。以视频为例，只要每个视频文件能够独立打开并具有声音、图像等视频要素，就应当认定为一个视频文件，即使各个视频之间内容存在关联性或者连续性，也应当累计计算视频的个数。另一种意见认为，如果网络视频时长较短，而各视频之间内容存在关联性或者连续性，甚至是由一个大的视频拆分而成，则可将较短的视频合并为一个视频文件予以认定。① 在司法实践中，对于“视频件数”的认定，通常不考虑各个视频的内容之间是否存在关联，只要行为人提供直接链接的视频是独立的视频文件，就认定为一件视频。

本书认为，正确认定视频的个数的目的是定罪量刑，而定罪量刑的基本原则之一是罪刑相适应原则。为做到罪刑相适应原则，就必须认真考虑视频个数的计算如何做到公正合理的问题。在此，需要强调以下几点：

首先，不宜强制划分出一个具体的视频大小的标准。所谓的公平合理都是相对的，并不存在绝对的合理。因此，在视频的长短问题上，不宜强制划分出一个具体的标准，如以300MB为标准计算视频的个数。（1）强制划分视频的大小会造成新的不公平。有的视频虽小，但包含的著作权含量高，如刚刚出版

---

① 最高人民法院研究室《关于淫秽视频个数如何认定的研究意见》。

发行的电影等；而有的视频虽大，包含的著作权含量却较低，如即将过期的含有著作权的电影作品。同样的道理，视频的大小与视频的淫秽程度，进而与淫秽视频社会危害性的大小也无必然联系。（2）实际上，随着现代技术的进步，视频文件大小也在不断变动之中，过去的300MB文件经过压缩技术，就变成了100MB，从而使得强制划分的标准缺乏实用性，有损法律和司法解释的严肃性。（3）视频大小不一，在网络环境下将会成为常态。在前网络时代，著作权作品时长一般都有一定的规范，如电影时长、电视剧时长等都有相对的标准，但是在网络时代，享有著作权的作品已经不限于电影、电视剧了，而是包括大量的自制剧，甚至网民自行拍摄的视频短片，这些视频也可能享有著作权。对此，硬性规定视频的长短大小就不具有科学性。

其次，本书赞成以下观点：以自然的个数计算认定，即不考虑各个视频的内容之间是否存在关联，只要每个视频文件能够独立打开并具有声音、图像等视频要素，就应当认定为一个视频文件，即使各视频之间内容存在关联性或者连续性，也应当累计计算视频的个数。[①] 该意见的理由是：（1）无论是时长较长的视频，还是时长较短的视频，均满足了视频的构成要素，都侵犯了著作权或者侵犯了社会管理秩序，都应当认定为独立的视频文件。（2）随着信息技术的飞速发展，网络视频犯罪呈现出新形式、新特点。在手机网民数量快速增长，计算机互联网监管机制日臻成熟的形势下，手机网站已成为侵权网络视频的重要传播途径。但由于技术特点限制，通过手机网站传播的

① 《淫秽电子信息解释》和《淫秽电子信息解释（二）》规定的定罪量刑标准。

网络视频容量远小于通过电脑网站传播的视频的容量。通过手机网站传播网络视频文件与通过电脑网站传播网络视频文件相比，尽管前者容量小，但传播面广，故在社会危害性上与后者没有太大区别。可见，对小的视频进行合并的观点也不符合当前网络视频犯罪的现状。（3）对淫秽电子信息或者侵权电子信息进行合并或者拆分，在技术上过于烦琐，难以找到统一的标准，不具有可操作性。[①] 除了这三点理由，本书认为还要加上一点理由，即就整个侵犯著作权犯罪和淫秽物品犯罪的情况来看，不但网络视频领域存在大小不一时如何计算的问题，在其他领域，如图书出版领域、音乐唱片（音频文件）领域等都存在如何计算大小的问题。在司法实践中，对于盗版字数达 100 万的金庸的某部小说，与盗版字数仅为 2 万左右的儿童科普读物；盗版大小为 100MB 的音频文件（某人专辑），与盗版大小为 3MB 左右的独立的一首歌，在计算盗版部（件）时，都是按照自然存在的个数来认定的，而没有考虑其具体的大小问题。如此，在计算网络视频的大小问题时，也应该按照通行的做法，而不是将其折算。

当然，对于将具有完整故事情节的视频文件人为拆分，被拆分后的视频一般时间较短，若按拆分后的视频个数认定数量，将会导致量刑过重，这个问题是客观存在的。对此，在量刑时可以考虑文件大小、影响范围、获利多少及危害大小等综合认定，进而适用相适应的刑罚幅度。

---

① 最高人民法院研究室《关于淫秽视频个数如何认定的研究意见》。

第四节 网络点击量的计算问题

在网络链接行为构成的侵犯著作权犯罪和淫秽物品犯罪中，不但淫秽物品、侵权作品的个数（份、部、件）等的计算事关定罪量刑问题，根据有关司法解释的规定，[①] 网络点击量也是一个重要的定罪量刑依据。因而如何准确计算淫秽物品和侵权作品的点击量，事关淫秽物品犯罪和侵犯著作权犯罪的定罪量刑的准确性。

一、主要争议问题

本书以一个典型案例中出现的认识分歧，对点击量的计算中出现的争议问题加以说明。

（一）代表性案例简述

北京市西城区人民法院经审理查明：北京轻点万维电信技术有限公司（以下简称轻点万维公司）系一家移动增值业务的提供商，根据与中国联通签订的《中国联通公司移动增值业务合作协议》，在中国联通移动网络及各类移动增值业务平台上，向联通手机用户推出各类信息服务、应用等移动增值服务。移动增值业务以“联通无限”为总体品牌，主要业务包括联通在信、互动视界等。其中，互动视界业务主要指基于无限应用协议（WAP）的信息浏览及图片、音乐、动画下载，信息推送，交互应用和电子商务应用等业务。轻点万维公司与中国联通按

① 《淫秽电子信息解释》和《淫秽电子信息解释（二）》等。

照双方约定的比例享有互动视界的收入分成。另外，根据《中国联通增值业务提供商运行维护管理要求》，WAP 业务页面访问成功率应高于 60%。轻点万维公司下设无限互联网事业部，具体负责 WAP 业务，主管是被告人罗某，其下属被告人杨某担任产品组的经理，被告人袁某、丁某担任产品编辑。产品组对信息进行编辑后上传到公司服务器，联通手机用户通过点击该公司的主页栏登录联通 WAP 网页即可浏览相关信息。为了提高联通 WAP 网页的点击率，增加公司收入，罗某指使杨某、丁某、袁某向 WAP 页面上传淫秽信息。袁某遂在丁某的安排下编辑、制作完成了包含 28 张淫秽图片的 WAP 产品，并经杨某审核后，由袁某上传至公司服务器。

经鉴定，2007 年 1 月 1 日至 5 月 9 日，28 张淫秽图片的内容请求数为 256622 次，经专用工具计算页面点击数并排除自点击数后，淫秽图片的实际被点击数为 82973 次。[①]

本案的争议之处是，检察机关起诉时认定的点击量达 253335 次，因而被告人的行为触犯了传播淫秽物品牟利罪，而且属于情节特别严重，应当在 10 年以上有期徒刑或者无期徒刑并处罚金或者没收财产的范围内追究其刑事责任。被告人及其辩护人均对公诉机关指控的淫秽图片的点击量提出异议，认为公诉机关认定点击量达 25 万余次的证据不足：由于一页多图、产品合格率、自主点击等因素的存在，涉案淫秽图片的实际点击量应远低于公诉机关指控的 25 万余次；公诉机关指控的淫秽图片点击量，没有考虑到联通公司在《中国联通增值业务提供商运行维护管理要求》中提出的业务 60% 页面访问成功率，由

① 北京市西城区人民法院刑事判决书（2008）（西刑初字 104 号）。

此导致淫秽图片实际点击量的认定明显失实，请求人民法院在查明实际点击量后依法予以从轻、减轻或者免除处罚。

北京市西城区人民法院经审理认为，轻点万维公司无限互联网业务部以公司牟利为目的，利用互联网及移动通讯终端传播淫秽电子信息情节严重的行为，妨害了社会管理秩序，被告人罗某、杨某作为该部门主管和产品经理，授意并指使下属上传淫秽信息，系单位犯罪中的主管人员；被告人丁某、袁某积极参与利用信息网络传播淫秽电子信息，系单位犯罪中的直接责任人员，均已构成传播淫秽物品牟利罪，依法应予惩处。北京市西城区人民检察院指控被告人罗某、杨某、丁某、袁某犯传播淫秽物品牟利罪成立。关于被告人及其辩护人对淫秽电子信息点击量的辩解及辩护意见，开庭审理过程中公诉机关当庭出示了北京网络行业协会电子数据鉴定中心对电子数据司法鉴定结论及补充材料的答复，拟证明根据服务器中的 Web 访问日志文件记录统计得出的 28 张图片的访问次数为 253335 次。后经法定程序对点击次数进行重新鉴定，公诉机关又提交了国家信息中心电子数据司法鉴定中心作出的电子数据鉴定，结论是涉及淫秽图片的点击数量为 82973 次，若按页面访问成功率 60% 计算，则成功页面点击数量为 49784 次。经查，国家信息中心电子数据司法鉴定中心对于电子数据的鉴定结论是 28 张图片可被应用服务器调用，调用方法为浏览页面的组成部分，其内容请求数为 256622 次，经专用工具计算页面点击数并排除自点击数后，涉及淫秽图片的传播数量即页面点击数量为 82973 次。该份鉴定结论根据特定手机型号及特定互联网 IP 地址将为检验设备及网页性能的页面点击数予以排除，同时考虑到组成一个页面的所有图片请求是集中发送的，将 60 秒内所有由同一设备通过同一互联网 IP 地址向服务器发送的图片请求视为由一次页面点击产生，并据此计算得出了页面点击数量为 82973 次。该份鉴定结论经具有鉴定资质的机构和鉴定人作出，较为科学，同时有 4 名被告人的供述和证人证言相佐证，人民法院予以确认。但该份鉴定意见采用了《中国联通增值业务提供商运行维护管理要求》，并计算得出成功页面点击数量为 49784 次，由于实际点击成功率的数值无法查实，且 60%的页面访问成功率的标准并没有出现在涉案的服务器中，无法作为排除的依据，鉴定人据此作出的分析意见，人民法院不予确认。①

根据刑法第 363 条第 1 款、第 366 条、第 52 条、第 53 条、第 64 条及《淫秽电子信息解释》第 1 条第 1 款第 4 项、第 2 条之规定，北京市西城区人民法院于 2008 年 12 月 20 日作出判决：(1) 被告人罗某犯传播淫秽物品牟利罪，判处有期徒刑 5 年，并处罚金人民币 5000 元；(2) 被告人杨某犯传播淫秽物品牟利罪，判处有期徒刑 4 年，并处罚金人民币 4000 元；(3) 被告人丁某犯传播淫秽物品牟利罪，判处有期徒刑 3 年，并处罚金人民币 3000 元；(4) 被告人袁某犯传播淫秽物品牟利罪，判处有期徒刑 3 年，并处罚金人民币 3000 元；(5) 追缴轻点万维公司违法所得人民币 2 万元；(6) 随案移送的被告人罗某使用的笔记本电脑一台、被告人杨某使用的笔记本电脑一台、被告人袁某使用的台式电脑主机一台、被告人丁某使用的台式电脑主机一台、轻点万维公司机房内的机架式服务器六台予以没收。

一审宣判后，被告人均不服，称原判决认定涉案淫秽图片

---

① 于同志：《利用 WAP 技术传播淫秽电子信息点击数的认定》，载《人民司法》2010 年第 2 期。

的点击量为 8 万余次有误，应以实际成功点击量 4 万余次来认定；原审法院擅自改变鉴定机关的鉴定结论不当，请求二审法院依法改判。北京市第一中级人民法院经审理后依法裁定驳回上诉，维持原判。

（二）引发的争议问题

WAP 技术是一种向移动终端提供互联网内容和先进增值服务的技术，它结合了互联网和移动电话技术，只要有一部支持 WAP 的手机（移动通讯终端），即可随时随地通过手机浏览器浏览 WAP 站点的服务，如新闻浏览、股票查询、邮件收发、在线游戏、聊天和网络视频下载等多项应用服务。近年来，随着手机的普及以及移动通讯技术的快速发展，利用 WAP 技术制作、传播淫秽电子信息和侵权作品已经成为一种新型的网络侵权盗版、传播淫秽物品的形式。本案是全国第一起进入司法程序的利用 WAP 技术传播淫秽电子信息案，就构成本罪的其他要件而言争议不大，但是如何认定作为定案依据的淫秽电子信息的实际被点击数，各方争议不下。在上述案件刑事诉讼过程中，先后对点击数做过 3 次司法鉴定，但结论都不相同：第一次鉴定经对涉案服务器的 Web 访问日志进行分析，结论为 28 张淫秽图片的实际点击数量达 253335 次；第二次鉴定意见考虑到失败的内容请求数、联通 WAP 页面访问成功率以及同一页面所含图片数等因素，得出图片的实际被点击数应为不低于 21387 至 37427（平均值为 29407），不高于 35645 至 62379（平均值为 49012）；第三次鉴定意见则认为，28 张图片的内容请求数为 256622 次，经专用工具计算页面点击数并排除自点击数后，涉及淫秽图片的传播数量即页面被点击数量为 82973 次，如果考虑《中国联通增值业务提供商运行维护管理要求》中提出的WAP业务页面访问成功率按照60%计算，则页面成功点击数量为49784次。

根据《淫秽电子信息解释》第1条、第2条的规定，以牟利为目的，传播淫秽电子信息，实际被点击数达到1万次以上的，以传播淫秽物品牟利罪定罪处罚，处3年以下有期徒刑、拘役或者管制，并处罚金；实际被点击数达到5万次的，属于情节严重，处3年以上10年以下有期徒刑，并处罚金；实际被点击数达到25万次的，属于情节特别严重，处10年以上有期徒刑或者无期徒刑，并处罚金或者没收财产。可见，点击数1万次、5万次、25万次，分别是适用不同刑罚幅度的门槛，而3次鉴定认定的点击数分别为253335次、不低于21387至37427（平均值为29407）不高于35645至62379（平均值为49012）、82973次（如果考虑《中国联通增值业务提供商运行维护管理要求》中提出的WAP业务页面访问成功率按照60%计算，则页面成功点击数量为49784次）。如果按照第一次鉴定意见确定的点击数，则量刑幅度在10年以上有期徒刑、无期徒刑；如果按照第二次鉴定意见确定的点击数，则量刑幅度在3年以下有期徒刑（如果取低区间的平均值29407或者高区间的平均值49012）或者3年至10年有期徒刑（如果取高区间的大于5万的点击数）；如果按照第三次鉴定意见确定的点击数，则量刑幅度在3年以下有期徒刑（考虑《中国联通增值业务提供商运行维护管理要求》中提出的WAP业务页面访问成功率按照60%计算，则页面成功点击数量为49784次），或者3年至10年有期徒刑（如果取82973次的点击数）。可见，采取哪一种点击数来认定被告人的量刑情节，对于被告人被判处的刑罚具有至关重要的影响。

在本案审理过程中，围绕电子信息点击量的计算问题，主要产生了如下争议：

其一，淫秽电子信息的点击数是否可以作为淫秽电子信息犯罪的定罪量刑依据？

其二，淫秽电子信息的访问请求数与实际被点击数的关系是什么？如果两者不相同，应予扣除哪些点击数量？

其三，认定实际点击数是否应该考虑网络运营商承诺的页面访问成功率？

其四，对实际点击数存在多重司法鉴定意见时如何审查判断其客观性，即如何取舍？

在上述四个主要争议问题中，前三个主要是刑法问题，最后一个主要是证据法上的审查判断问题。鉴于本书的研究目的，本书仅研究前三个问题。

二、关于淫秽电子信息犯罪定罪量刑的依据

关于淫秽电子信息犯罪定罪量刑的依据，即电子信息的点击数量是否可以作为淫秽电子信息犯罪定罪量刑的依据问题，存在争议。

本案在被检察机关提起公诉后，曾引发法律界对点击数能否作为定罪量刑依据的讨论。[①] 反对者认为，行为人上传的淫秽图片实际被点击次数并不以行为人的意愿为转移，且点击数的统计难以做到真实、可靠，难以排除重复计算的数量，可能导

① 参见李松、黄洁：《28 张淫秽照片点击超 8 万，首起按点击定罪量刑案引关注》，载《法制日报》2008 年 12 月 24 日。

致案件处理不公。肯定者认为，淫秽电子信息的点击数可以作为定罪量刑的依据。持肯定观点的学者对此作了论证：从主观上看，行为人上传淫秽电子信息的动机往往是提高淫秽电子信息的点击数，提高页面的知名度，借以赚取广告费、会员费等，因此，无论淫秽电子信息被点击多少人次，均在行为人的意识范围之内、主观意料之中，均是其积极追求或者放任的结果；从客观上看，淫秽电子信息的实际被点击数能够体现此类犯罪的社会危害程度，点击数越多，意味着接触和受害者人数越多，社会危害程度也就相应的更加严重。以点击数为依据定罪量刑，可以实现罚当其罪，做到不枉不纵。[①]“两高”司法解释也持肯定的立场。

本书认为，将淫秽电子信息的点击数作为定罪量刑的依据，大体上是合理的。除了上述肯定说学者所持的理由外，本书就肯定说的理由补充如下：在当前技术条件下，在计算点击数量时确实存在一些实际问题，如点击数量计算中如何科学排除掉自点击数量、如何科学计算有效点击量等，目前还难以找到完全准确的方法，也许永远找不到精确的计算方法。但是，所谓“点击数的统计难以做到真实、可靠，难以排除重复计算的数量”以至于“可能导致案件处理不公正”的说法确实言过其实了。这是因为：首先，无论是点击数量，还是盗版、淫秽物品的张（份、个）数，在计算时都存在一定的问题，正如上文所述，每个淫秽视频有大有小（大的有1GB，小的仅有1MB，甚至最小的只有200KB），按照淫秽视频的个数计算传播淫秽物品

---

① 于同志：《利用WAP技术传播淫秽电子信息点击数的认定》，载《人民司法》2010年第2期。

的社会危害性一样存在不是很科学的问题。即使是按照销售数量、违法所得数额（侵犯著作权犯罪中）或者会员人数、群组数量（传播淫秽物品犯罪中的群组）这类看似客观的数据计算，也同样存在难以做到完全精确的问题。毕竟会员入会时间长短不一、群组成立时间长短不一，由此带来同样的会员人数、同样的群组数量，也难以准确衡量传播淫秽物品犯罪的社会危害性的大小。实际上，我们根本就难以找到一个完全科学的计算传播淫秽物品或者侵犯著作权犯罪的社会危害性大小的标准。其次，即使衡量社会危害性大小的标准不是非常科学，也并不意味着就不能做到量刑公正。毕竟在司法实践中，影响量刑的因素是多方面的，每个罪名也都存在一定的量刑幅度，司法人员完全可以依据实际情况进行调整，做到准确量刑，而不至于“可能导致案件处理不公正”。因此，在具体认定点击数量的时候，只要将虚增的、不正常的点击数量从中扣除掉，以扣除掉不合理的点击数量，所得剩余的点击数量即可以作为实际被点击数量。

上述分析也适用于侵犯著作权犯罪案件中衡量社会危害性大小的点击数量的标准，因为在侵犯著作权犯罪中，著作权被侵犯的程度与点击数量成正比，点击数量越多，著作权被侵犯的程度越重；点击数量越少，著作权被侵犯的程度越轻。

这里还需要指出的是，将点击数量作为侵犯著作权犯罪和传播淫秽物品犯罪的定罪量刑情节来自司法解释的规定。我国司法解释具有法律效力，司法实践中应当得到尊重和遵守。[①]

三、关于电子信息的内容请求数

围绕实际被点击数的争议，主要是电子信息的内容请求数是否等同于实际被点击数。本书认为，电子信息的内容请求数与实际被点击数并不完全相同。司法解释确定的点击数应为实际被点击数。在认定淫秽电子信息和版权信息的实际被点击数时，应将虚增的、不正常的数量从点击总数中扣除，以做到准确定罪量刑。从现有的网络技术看，虚增的、不正常的点击数主要包括以下几种，在计算实际被点击数时应当予以扣除：其一，有些网站为了虚张声势，将计数器设置为从某一个大额的数字开始计数（如将 1 万次，甚至 10 万次作为计数的起点）。显然，这些计数的起点不是真实的点击量，应予扣除。其二，有些网页将计数器计数办法设置为他人点击 1 次计数器计数 10

① 全国人民代表大会常务委员会《关于加强法律解释工作的决议》（1981 年 6 月 10 日第五届全国人民代表大会常务委员会第十九次会议通过）第 2 条规定："凡属于法院审判工作中具体应用法律、法令的问题，由最高人民法院进行解释。凡属于检察院检察工作中具体应用法律、法令的问题，由最高人民检察院进行解释。最高人民法院和最高人民检察院的解释如果有原则性的分歧，报请全国人民代表大会常务委员会解释或决定。"对于通过信息网络向公众传播他人计算机软件行为是否可以认定为刑法第 217 条规定的"复制发行"这一类的检察工作、审判工作中遇到的具体应用法律的问题，最高人民法院、最高人民检察院有权进行解释，而且最高人民法院《关于司法解释工作的规定》（发布日期：2007 年 3 月 23 日）、最高人民检察院《司法解释工作规定》（发布日期：2006 年 5 月 10 日）都分别强调，由其制定并发布的司法解释具有法律效力，理应得到各级检察机关、审判机关的遵守。

次甚至更多次的办法，如行为人实际点击 1 次，但是计数器计算为 10 次或者 100 次。这些通过数倍的计算方法多计算出来的点击数也应当扣除。其三，自点击的数量应当扣除。很多网站在传播淫秽或者盗版电子信息的过程中，往往还存在一个自点击的问题。自点击的原因既可能是为了增加点击数量，也可能是在进行系统测试。故淫秽电子信息的点击数和实际传播人次不是完全的一一对应关系，而是存在一定的错位[1]。自点击的数量不会导致淫秽信息和版权信息的传播，不会导致社会管理秩序和著作权管理秩序侵害范围的扩大，因而在计算实际点击数的时候应将自点击数量扣除。[2] 其四，将其他一些不合常理的点击数量予以扣除。例如，由于网络信号比较差，有人在几分钟之内频繁点击上百次才能登录；也有人偶然处于无聊状态，在短短的时间内点击达上百次上千次，这些人员的频繁点击并不在于获得淫秽电子信息和版权信息，不至于导致淫秽电子信息和版权作品信息的大量传播，因此，只计算为 1 次即可，而不应重复计算。其五，由于传播工具的限制，一份完整的视频文件或者文章需要点击数次才能观看或者阅读。例如，在使用手机上网的情况下，由于显示屏幕和手机内存等的限制，一篇文章可能需要点击 8 次、10 次甚至更多次才能浏览完，一份图片也可能需要多次点击才能全部浏览，但实际的接触者或者被传

---

① 参见于同志：《网络犯罪》，法律出版社 2008 年版，第 114 页。

② 本案第三次鉴定中即排除了自点击数量，即鉴定机构限定在同一设备（特定手机型号和特定互联网 IP 地址），将为检验设备及网页性能的页面点击数予以排除。通过同一互联网 IP 地址 24 小时内向同一网页发送页面请求 50 次以上的为公司内网网页测试的自点击，不涉及淫秽图片传播。据此排除了自点击数 16745 次。

播者仍只有一人。对此，也只能计算为 1 次点击数。

四、关于页面访问成功率问题

关于页面访问成功率的争议，主要是认定点击数是否应当考虑网络运营商承诺的页面访问成功率。受限于网络容量和信号质量等因素，使用手机等移动终端访问 WAP 页面时，可能存在访问不成功的问题（也就是通常所说的“上不去网”）。一般来说，计算淫秽电子信息链接、侵权链接的实际被点击数时，应计算真实有效的链接。对于无效的网络链接所产生的点击数，不应当计算在内。在上述案件审理过程中，被告人及其辩护人提出认定淫秽图片的实际被点击数时，应考虑联通公司在《中国联通增值业务提供商运行维护管理要求》中提出的 WAP 业务 60%的页面访问成功率。鉴定机构在第二、三次鉴定意见中，也把该 WAP 页面访问成功率作为认定或分析的依据之一。本书对此持肯定态度，理由是：其一，既然“两高”司法解释确定要按照实际被点击数计算，那么只要查明不是实际被点击的数量，均应被扣除。60%的页面访问成功率是联通公司与各移动增值业务商签订的协议中明确约定的，是客观存在的，应当按照该标准进行折算。其二，从理论上推演，不成功访问的情形肯定存在一定的比例，只不过鉴定意见没有作出准确鉴定，不好准确计算而已。既然如此，按照联通公司与各移动增值业务商签订的协议中明确约定的 60%的成功率折算，有利于维护被告人的利益。

第五节 网络视频链接刑法规制中的其他问题

除了上述问题以外，网络视频链接刑法规制中还存在一些特殊问题，这些问题与网络链接的技术特征、侵权性质等没有直接关系，与《刑法修正案（九）》的实施也没有直接关系，但是与网络视频链接是否构成侵犯著作权犯罪问题密切相关，需要展开研究。考虑到这些问题比较零碎，因而本书将其单列一节展开研究。

一、对“未经许可”的理解与认定

刑法第 217 条对侵犯著作权罪的行为表现作出了明确的规定，主要有如下几种类型：（1）未经著作权人许可，复制发行其文字作品、音乐、电影、电视、录像作品、计算机软件及其他作品；（2）出版他人享有专有出版权的图书；（3）未经录音录像制作者许可，复制发行其制作的录音录像；（4）制作、出售假冒他人署名的美术作品。虽然仅第一、三种行为方式中指出行为人未经著作权利人许可，但根据侵犯著作权的特征，可以推知，在第二种行为方式中，行为人未得到出版权人的授权和许可；在第四种行为方式中，行为人未得到被署名人的同意。在他人享有专有出版权的情况下，出版权人一般不会再授权他人出版或者制作发行特定图书。对于美术作品，没有参与创作的人不会主动要求署名，否则就是弄虚作假，侵犯创作者的著作权，而假冒他人署名权的行为，自然也是没有得到他人同意而实施的。因此，对于第二、四种行为方式而言，即便刑法条文没有明确规定“未经许可或者同意”，也应该理解为构成侵犯著作权犯罪，需要具备“未经著作权人许可”或者“未经著作权人同意”的条件。

第一、三种行为方式都提到了“未经许可”。不管是未经过著作权人的许可，还是未经过录音录像者的许可，以下几种都属于“未经许可”：（1）行为人根本未向著作权人征求许可或者授权的意见，或者著作权人拒绝行为人的许可请求。没有法律的特别规定，使用他人的作品应当同著作权人订立合同或者取得许可。行为人没有同著作权利人订立合同，没有当面或通过电话、传真、电子邮件等方式征得权利人的许可或者同意，就属于“未经许可”。即便是行为人向著作权人提出了许可的请求，如果被拒绝的，同样也是“未经许可”。（2）行为人超出许可的范围。行为人本应在权利人许可的范围内使用作品。行为人采用许可范围之外的方式使用作品的，或者行使许可范围之外的其他权利，或者在许可的地域之外的其他国家或地区使用该作品的，都属于侵犯著作权的行为。（3）行为人所得到的许可已经超过原来约定的期限。著作权合同的有效期限不能超过10年，但期满后可以续订。行为人在合同期满后没有续订，仍使用著作权人的作品的，也属于侵犯著作权的情形。如前所述，在第二、四种行为方式中，行为人是不可能得到权利人的许可或者同意的，因而行为势必表现为行为人直接侵犯他人的著作权。因此，上述四种行为方式的共同特征表现为行为人没有得到权利人的许可或者授权。

需要进一步探讨的是，享有许可权的人未经著作权人的同意，擅自许可第三人使用作品，以及享有专有出版权的人擅自放弃该权利，让第三人来行使该权利的，是否属于前述的“未经许可”？本书认为，对于被许可人擅自许可他人使用作品的，如果被许可人希望通过这种方式来谋取经济利益（具有营利的目的），自然属于“未经许可”侵犯著作权的犯罪行为，如果其没有营利的目的，则不属于侵犯著作权的犯罪行为。对于放弃专有出版权的情况，因为权利人一般是向原著作权人支付了费用，出版权为其所专门享有，不论其是否通过收取费用的方式转让给他人，只要还在出版合同的有效期限内，都不构成侵犯著作权罪。

如何判断复制发行行为未经著作权人许可？最高人民法院、最高人民检察院、公安部《关于办理侵犯知识产权刑事案件适用法律若干问题的意见》第 11 条规定，关于侵犯著作权犯罪案件“未经著作权人许可”的认定问题，应注意“未经著作权人许可”一般应当依据著作权人或者其授权的代理人、著作权集体管理组织、国家著作权行政管理部门指定的著作权认证机构出具的涉案作品版权认证文书，或者证明出版者、复制发行者伪造、涂改授权许可文件或者超出授权许可范围的证据，结合其他证据综合予以认定。在涉案作品种类众多且权利人分散的案件中，上述证据确实难以一一取得，但有证据证明涉案复制品系非法出版、复制发行的，且出版者、复制发行者不能提供获得著作权人许可的相关证明材料的，可以认定为“未经著作权人许可”。但是，有证据证明权利人放弃权利、涉案作品的著作权不受我国著作权法保护，或者著作权保护期限已经届满的除外。

二、版权穷竭制度对侵犯著作权罪认定的影响

版权穷竭制度是知识产权方面平衡著作权保护和公众对作品的合理使用的重要制度。版权穷竭是指著作权中财产权（尤

其是发行权）的穷竭。首先是指发行权中的销售权穷竭，即首次销售权归著作权人专有，但销售权只能行使一次。因此，将他人作品的复制品作为商品大量购入，然后以零售、批发等方式出售的，即便没有经过原著作权人的许可，也并不是对发行权的侵犯，因而不属于侵权行为。即便是明知侵权复制品而购买，然后出售赚取利润的，也因版权穷竭制度而没有侵犯著作权人所享有的发行权，因而并不构成侵犯著作权罪，而构成刑法第 218 条所规定的销售侵权复制品罪。其次，出租权和出借权的穷竭因著作的不同而略有区别。如果是一般作品，出租权和出借权适用版权穷竭制度，行为人在租得或者购买作品后再出租的，即便有营利的目的，也不成立犯罪；如果是计算机程序、电影作品和录音制品，则出租权和出借权应归著作权人所专有，不适用版权穷竭制度，行为人租得或者购买后只能自用或销售，不能出租或者出借，否则就是侵权，若主观上有营利目的，数额较大或者有其他严重情节的，成立相关犯罪。最后，无论何种作品，出口权均不适用版权穷竭制度。不管是一般作品，还是计算机软件或者电影作品、录音制品，在复制后出口的，也属于“复制发行”，符合刑法第 217 条的规定；若购买他人复制的侵权品后出口的，则符合刑法第 218 条的规定。

三、“复制发行”中的“复制”、“发行”的关系

刑法第 217 条第 1 项规定：“未经著作权人许可，复制发行其文字作品……及其他作品的。”“复制”与“发行”之间未用顿号隔开；其第 3 项也是如此。但是在该条第 4 项“制作、出售假冒他人署名的美术作品的”中的“制作、出售”之间却用顿号隔开。于是，理论界和实务界对如何理解复制与发行的关

系产生了争议。

有的学者认为，构成侵犯著作权罪，必须同时具备复制行为与发行行为。因为这里的复制行为与发行行为不是刑法规定的两种并列的犯罪行为，而是一个犯罪行为的两个方面。如果行为人只实施了复制行为而没有实施发行行为，或者只实施了发行行为而没有实施复制行为，就不符合侵犯著作权罪的构成要件。[①]

但也有学者认为，构成侵犯著作权罪，并不需要同时具备复制行为与发行行为，复制行为与发行行为只要具备其一即可。[②] 这种观点与司法解释的观点相一致。最高人民法院于1998年12月23日施行的《关于审理非法出版物刑事案件具体应用法律若干问题的解释》第3条规定，复制发行是指行为人以营利为目的，未经著作权人许可而实施的复制、发行或者既复制又发行其文字作品、音乐、电影、电视、录像作品、计算机软件及其他作品的行为。也就是说，这里的复制发行行为包括复制行为、发行行为以及既复制又发行的行为，复制与发行之间是相对独立的关系，而不是整体与部分之间的关系。

本书认为，之所以会产生上述分歧，主要是由立法用语上的不确切和不协调所造成的。上述司法解释的主张更符合刑法第217条规定的立法精神。因为在司法实践中，未经著作权人许可，复制其作品或者发行其作品都是具有社会危害性的行为，

---

① 参见刘方、单民：《侵犯知识产权犯罪的定罪与量刑》，人民法院出版社2001年版，第218页。

② 参见党建军主编：《侵犯知识产权罪》，中国人民公安大学出版社2003年版，第100页。

要求既复制又发行著作权人的作品且情节严重的行为才构成犯罪，既不合情理，也不利于对著作权的保护。从 2001 年修订后的著作权法看，也明确体现了这种思路。该法第 47 条规定，有下列侵权行为，构成犯罪的，依法追究刑事责任：未经著作权人许可，复制、发行、表演、放映、广播、汇编、通过信息网络向公众传播其作品的……这里规定的包括复制与发行的所有行为之间都使用了顿号，说明它们都属于可以独立构成犯罪的行为。目前，刑法学界对于复制发行的含义也基本取得了共识，即复制发行行为包括复制行为、发行行为以及既复制又发行的行为。这种共识也一直得到最高司法机关司法解释的认可，最高人民法院、最高人民检察院《关于办理侵犯知识产权刑事案件具体应用法律若干问题的解释》、《关于办理侵犯知识产权刑事案件具体应用法律若干问题的解释（二）》都对复制发行的含义作了明确规定。

四、对侵犯著作权犯罪定罪量刑情节的理解与完善

（一）对“违法所得数额”的理解与完善

1. 对“违法所得数额”的理解

根据刑法规定，“违法所得数额”是侵犯著作权罪明示的定罪量刑情节，也是销售侵权复制品罪唯一的定罪量刑情节。司法解释对违法所得数额的具体标准进行了规定（违法所得数额较大，是指 3 万元以上；违法所得数额巨大，是指 10 万元以上），但是，对于什么是违法所得，违法所得如何计算，违法所得与非法经营数额和销售金额的区别，刑法和司法解释都没有明确，甚至过去的司法解释还出现过相互矛盾的情况。例如，

最高人民检察院于1993年12月1日发布的《关于假冒注册商标犯罪立案标准的规定》中就把“违法所得数额”理解为“销售收入”，而“销售收入”实际上就是“销售金额”。1997年刑法修订后，最高人民法院发布的《关于审理非法出版物刑事案件具体应用法律若干问题的解释》第17条第2款则规定，本解释所称“违法所得数额”，是指获利数额。而最高人民检察院和公安部2001年联合发布的《关于经济犯罪案件追诉标准的规定》、2004年发布的最高人民法院和最高人民检察院《关于办理侵犯知识产权刑事案件具体应用法律若干问题的解释》，基于违法所得数额含义的巨大争议，对其含义没有作出规定。

“违法所得数额”的含义不仅在司法机关存在争议，在学术界也一直没有取得令人信服的解释。有学者主张违法所得数额就是行为人非法获利数额，认为既然是违法所得，当然就是其非法经济活动后的投入与产出之比，行为人实际上获利多少，才是非法所得数额。但有很多学者不赞成这一主张，认为对非法经济行为的评价应当是整体的，而不应当是部分的。如果区分行为人获利或者不获利，对于行为人非法经营数额巨大但没有获利的案件，销售出去后无法计算利润的案件等，都无法追究刑事责任。同时，如果认为是利润，是按照毛利润还是净利润计算，是按照经营利润还是按照销售利润计算等。况且实施侵犯著作权犯罪的行为人通常不做账或者做假账，使司法机关和权利人根本无法分清究竟造假的成本是多少，利润是多少。因此，把违法所得数额理解为非法利润数额，既不符合立法原意也不切合实际。[①]

本书认为，如何界定违法所得数额的含义确实是一个难题，如果按照最高人民检察院的上述解释，违法所得数额就变成了销售金额，也就等于取消了违法所得数额。如果按照最高人民法院的上述解释，则把违法所得数额等同于非法营利数额，也难以令人信服。值得注意的是，我国刑法规定违法所得数额的条款并不限于侵犯著作权犯罪，在组织或运送他人偷越国（边）境罪中，也有违法所得数额的规定。结合起来理解，违法所得数额至少在以下两个方面是确定的：首先，必须是行为人已经获得的全部非法收入，没有获得的收入不应视为违法所得数额。在销售侵权复制品罪中，行为人在实施犯罪的过程中获得的保管费及已得或应得的销售收入等都属于违法所得。在运送他人偷越国（边）境罪中，“蛇头”运送 10 人偷越国（边）境收取的偷渡费就属于违法所得数额。如果他还没有收取到偷渡费，则不能视为违法所得数额。其次，违法所得一般不应包括行为人实施犯罪的投入，否则不仅难以计算，而且会出现可笑的情形。因为很多犯罪都会涉及犯罪投入，在认定犯罪时均不会减去相关投入。例如，行为人为诈骗财物而买了一份保险，花了数千元的费用，案发后在计算诈骗的数额时，显然不能把行为人花的费用减去。同理，在计算侵犯著作权犯罪的违法所得数额时，也不应当减去行为人为犯罪而付出的各种投入。当然，这样理解是否完全没有疑问，也存在争议。究竟如何界定违法所得数额的含义，或许只有规定这一术语的立法机关将来作出

---

① 参见胡云腾、刘科：《知识产权刑事司法解释若干问题研究》，载《中国法学》2004 年第 6 期。

立法解释才能解决有关的争议。

在立法机关对“违法所得数额”含义作出解释之前，本书结合一个真实的案例，介绍一下司法实践中对违法所得数额的认定情况（所介绍的案例罪名虽然是侵犯著作权罪，但是该罪与销售侵权复制品罪中的“违法所得数额”的含义和认定并无不同，因此，可以供理解和认定销售侵权复制品罪中的“违法所得数额”参考）：

案例：王某某、赵某侵犯著作权案。一审法院经审理查明，被告人王某某、赵某原系北京某数字技术有限公司职员，负责软件的开发工作。2002 年 3 月，二人从该公司辞职后，带走了该公司 KTV 点歌系统软件的源代码，欲继续从事该系统软件的开发和销售活动。2002 年 3 月至 2003 年 1 月，二被告人以营利为目的，将之前供职公司的“KTV 宽带服务系统”软件稍加修改后复制安装盘，先后向西安某电子科技发展有限公司、杭州某数字科技有限公司、北京某娱乐城、北京某餐饮有限公司、北京某科贸有限公司等 7 家公司销售该软件复制品，违法所得数额共计人民币 119295 元。

在本案的处理过程中，对于被告人违法所得的具体数额产生了争议。第一种意见认为，行为人通过销售侵权软件复制品，共获得违法所得数额人民币 247000 元；第二种意见认为，被告人违法所得数额为人民币 119295 元。争议双方对被告人违法所得数额认定之所以存在如此大的差异，主要是对以下三笔款项能否认定为被告人的违法所得数额存在不同看法：

（1）2003 年 1 月 12 日，北京某餐饮有限公司与王某某签订了一份合同，由王某某所在的公司提供一套 KTV 点歌系统软件，价格为人民币 75000 元。由于软件还没有完全调试好，75000 元的软件款尚未支付。

（2）2002 年 10 月 31 日，北京某娱乐城与王某某签订了一份合同，由王某某、赵某所在的公司提供一套 KTV 点歌系统软件，价格为人民币 75000 元，另外还提供 97 台机顶盒，总价款为人民币 302950 元，现已支付王某某、赵某人民币 195500 元，其中点歌系统软件款为人民币 30295 元。也就是说，尚有 44705 元软件款未支付。

（3）2002 年 7 月，大连某酒店购买了一套王某某之前所供职公司的视频点歌系统软件，价格为 8 万余元。

在上述三项争议款项中，大连某酒店在庭审时明确证明该软件不是从王某某、赵某处购买，该证言经法院确认，因此该部分涉及金额不应计入被告人的违法所得数额，对此，争议双方取得了一致意见。仍存在争议的是上述第一笔和第二笔涉及的款项共计 119705 元能否计算为被告人的违法所得数额。第一种意见认为，上述行为人实施销售侵权复制品的行为，无论款项是否支付，均应认定为行为人的违法所得数额；而第二种意见则认为，只有行为人实际收到的款项才能作为违法所得数额，如果尚未支付，则不能认定为行为人的违法所得数额。

上述双方的分歧从理论上加以剖析，源自对违法所得数额到底是指销售金额还是指非法获利数额的不同认识。第一种意见认为，参考 1993 年 12 月 1 日最高人民检察院《关于假冒注册商标犯罪立案标准的规定》，“违法所得数额”就是指“销售收入”，而“销售收入”实际上就是“销售金额”。通说认为，销售金额是指销售商品后所得和应得的全部违法收入。北京某餐饮有限公司与北京某娱乐城从被告人处购买的盗版软件款项虽未支付或尚未完全支付，但是按照“违法所得数额”是指

“销售收入”的理解，上述款项也应计入被告人的违法所得数额。而第二种意见认为，依据最高人民法院《关于审理非法出版物刑事案件具体应用法律若干问题的解释》中“违法所得数额”是指获利数额的理解，不应将北京某餐饮有限公司与北京某娱乐城购买的盗版软件款项计算在被告人的违法所得数额内。一审人民法院最终认定被告人非法获利数额是 119295 元，显然是采纳了获利数额的观点。

2. 对“违法所得数额”的完善

从立法完善的角度考虑，本书主张取消侵犯著作权犯罪中“违法所得数额”这一定罪情节，主要理由在于：

第一，“违法所得数额”不能科学说明侵犯著作权犯罪的本质特征。在 1997 年修改刑法时，就有学者对刑法草案中规定的侵犯著作权犯罪中的“违法所得数额”表示不同意见，认为“以违法所得作为定罪处刑的根据，不科学，操作也难”[①]。本书赞同这种观点。一般认为，犯罪的本质是侵犯合法权益，刑法的目的在于保护合法权益，而将违法所得数额规定为唯一的或刑法上明确列举的犯罪情节，“容易使人们认为犯罪的本质就是行为人获得利益，而不在于行为侵犯了合法权益。这不符合刑法的整体精神”。[②]

第二，“违法所得数额”的含义比较模糊，在学术界和司法实践中都存在不同认识，以该数额作为定罪情节不利于打击侵

---

① 参见周道鸾等主编：《刑法的修改与适用》，人民法院出版社 1997 年版，第 467 页。

② 张明楷：《刑法第 14 条“销售金额”的展开》，载马俊驹主编：《清华法律评论》（第 2 辑），清华大学出版社 1999 年版，第 188 页。

犯著作权的犯罪行为。如上所述，我国刑法中虽多次出现“违法所得”这个术语，但是对于什么是违法所得，违法所得如何计算，违法所得数额与非法经营数额和销售金额如何区别，刑法及其司法解释都没有明确，甚至过去的司法解释还出现了相互矛盾的情况。[①] 例如，最高人民检察院于 1993 年 12 月 1 日发布施行的《关于假冒注册商标犯罪立案标准的规定》中就把“违法所得数额”规定为“销售收入”，而“销售收入”实际上就是“销售金额”。1997 年刑法修订后，最高人民法院于 1998 年 12 月 23 日施行的《关于审理非法出版物刑事案件具体应用法律若干问题的解释》第 17 条第 2 款则规定，本解释所称“违法所得数额”，是指获利数额。如果按照最高人民检察院的上述解释，违法所得数额就变成了销售金额；如果按照最高人民法院的上述解释，则把违法所得数额等同于非法营利数额。由于对“违法所得”的含义不能取得一致认识，最高人民检察院和公安部于 2001 年 4 月 18 日联合发布的《关于经济犯罪案件追诉标准的规定》，最高人民法院与最高人民检察院于 2004 年 12 月 8 日联合发布的《关于办理侵犯知识产权刑事案件具体应用法律若干问题的解释》对“违法所得数额”的含义都没有作出具体规定。在实践中，对于如何计算所谓的“违法所得数额”，争议也比较大。这种含义很不确定的立法显然不符合罪刑法定原则所要求的明确性，也不利于司法实践中的具体操作。

第三，以“违法所得数额”作为侵犯著作权犯罪的定罪情节，使得同种性质的侵犯知识产权犯罪的定罪情节不协调。例

① 参见胡云腾、刘科：《知识产权刑事司法解释若干问题研究》，载《中国法学》2004 年第 6 期。

如，同属于侵犯知识产权犯罪，而且同属于以销售方式侵犯知识产权的行为，销售侵权复制品罪以“违法所得数额巨大”为定罪量刑情节，而销售假冒注册商标的商品罪却以“销售金额数额较大”为定罪量刑情节。本书认为，立法上作出这种区分的依据并不充分。①

（二）“曾经两次以上被追究行政责任或民事责任，又侵犯著作权”的认定问题

最高人民法院《关于审理非法出版物刑事案件具体应用法律若干问题的解释》中规定：“因侵犯著作权曾经两次以上被追究行政责任或者民事责任，两年内又实施刑法第二百一十七条所列侵犯著作权行为之一的”，属于“有其他严重情节”。

要准确认定和处理这一问题，就必须正确理解以下两个问题的含义：

1. 关于侵犯著作权曾经两次以上被追究行政责任或民事责任的认定和理解

对此，应注意以下几点：第一，所谓两次以上，是指承担

① 关于“违法所得数额”与“销售金额”的关系，理论界和司法实务界都有不同理解。前述最高人民检察院的司法解释就将“违法所得数额”解释为“销售收入”，即“销售金额”；最高人民法院则将之解释为获利数额，而获利数额显然与销售金额的含义并不一致。我们认为，不管违法所得数额与销售金额的关系到底如何，刑法对销售假冒注册商标的商品罪规定“销售金额”的定罪量刑情节而对销售侵权复制品罪则规定“违法所得数额”的定罪量刑情节并不可取，因为如果认为违法所得数额就是销售金额的话，刑法为何不在侵犯知识产权罪这一节中统一使用“违法所得数额”或者“销售金额”术语？如果认为违法所得数额与销售金额有所区别的话，对同属于以销售方式侵犯知识产权的行为为什么要规定不同的定罪量刑情节？

民事责任两次以上，或者承担行政责任两次以上，或者承担民事责任和承担行政责任一共两次以上。第二，在行为人因侵权行为同时承担民事责任和行政责任时，不能累加算作两次，而只能算作一次。第三，承担民事责任的原因只能是侵权责任，而不能是因违约而产生的民事责任。承担违约民事责任的次数不可计算在内。第四，如果行为人已经曾因侵犯著作权被追究行政责任或民事责任两次以上而以本罪被追究过刑事责任，则对此前已被计算在内的承担行政责任或民事责任的次数不应计算在内，只能对此前被漏算和此后承担行政责任或民事责任的次数加以累计。第五，此外的两次不是指实施侵权行为的次数，而是指承担行政责任或民事责任的次数，因为两者有不一致的时候，如有时著作权行政管理部门会对行为人的一系列多次侵权行为一并予以处罚。第六，只有行为人实施刑法第 217 条行为之前承担行政责任或民事责任的次数才计算在内，在此之后的承担行政责任或民事责任的次数不可计算在内。①

2. 关于“又侵犯著作权”的正确认定

此处的“侵犯著作权”是指刑法第 217 条所规定的四种侵犯著作权行为之一，而不是泛指任何一种侵犯著作权的行为。行为人实施刑法第 217 条所规定的四种行为以外的其他侵犯著作权行为，即使在此之前因侵犯著作权曾经两次以上被追究行政责任或民事责任，也不构成本罪。

（三）关于侵犯著作权罪定罪量刑情节的完善

在侵犯著作权罪中，非法经营数额、复制发行侵权作品的

---

① 参见赵秉志主编：《侵犯知识产权罪疑难问题司法对策》，吉林人民出版社 2000 年版，第 68 页。

数量、侵权行为给著作权权利人造成的损失等，都可以比较客观、科学地反映侵犯著作权行为的社会危害性及其程度。因此，应将这些情节规定为侵犯著作权罪的定罪情节。

1. 关于“非法经营数额”

一般认为，侵犯知识产权犯罪的非法经营数额，是指行为人在非法经营活动中所涉及的侵权产品的总数额，其范围包括非法制造、运输、储存以及销售的侵权产品的数额等。以非法经营数额作为侵犯著作权罪的定罪情节之一，是基于以下几点考虑：

（1）侵犯著作权罪的几种行为方式可以被非法经营行为所包含。我国刑法对侵犯著作权罪规定了“复制发行”“出版”“制作、出售”等行为方式，其中“复制”是指以印刷、复印、临摹、拓印、录音录像、翻录翻拍等方式将作品制作一份或多份的行为，类似于非法经营中的制造行为；而“发行”则是指为满足公众的需求，通过出售、赠与的方式向公众提供一定数量的作品的原件或复制件的行为，其范围涵盖了非法经营中的销售行为；“出版”是指将作品编辑加工以后，经过复制向公众发行，其一般包括编辑、复制、发行三种行为方式，与“经营”的含义也很接近；而“制作、出售”行为属于一种经营行为是不言自明的。因此，侵犯著作权罪的行为方式基本上都可以被“经营”的内涵所覆盖，以非法经营数额作为定罪情节，可以比较科学地反映该罪的社会危害性及其程度。

（2）经营的含义比销售的含义要宽，其范围涵盖了仅仅复制但是还没有来得及发行或者销售的情形，以非法经营数额作为定罪情节，可以避免侵权行为人仅仅实施了复制行为而没有实施发行行为或者仅仅实施了制造美术作品的行为而没有实施出售行为而难以计算销售金额的弊端。

（3）我国刑法中虽未把非法经营数额作为侵犯知识产权犯罪的定罪情节，但是一些司法解释对非法经营数额的含义、计算方法等都有比较完备的规定。例如，最高人民法院和最高人民检察院于 2004 年 12 月 8 日联合发布的《关于办理侵犯知识产权刑事案件具体应用法律若干问题的解释》第 12 条第 1 款规定："本解释所称'非法经营数额'，是指行为人在实施侵犯知识产权行为过程中，制造、储存、运输、销售侵权产品的价值。已销售的侵权产品的价值，按照实际销售的价格计算。制造、储存、运输和未销售的侵权产品的价值，按照标价或者已经查清的侵权产品的实际销售平均价格计算。侵权产品没有标价或者无法查清其实际销售价格的，按照被侵权产品的市场中间价格计算。"对于该司法解释，有关研究认为完善了我国侵犯著作权罪的定罪情节。[①] 关于非法经营数额的含义及计算方法也逐渐达成一致意见；经过近两年的实践，司法实务界对认定非法经营数额也积累了比较丰富的经验。因此，国家立法机关有必要总结司法实践的经验，及时将非法经营数额规定为侵犯著作权罪的定罪情节。

2. 关于"复制发行侵权作品数量较大"

以复制发行侵权作品数量较大作为侵犯著作权罪的定罪情节的主要理由在于：

（1）在有些侵犯著作权的案件中，侵权人复制发行了大量的侵权物品，但是标价或销售价格都不易查清，而按照被侵权

① 参见胡云腾：《正确理解知识产权刑法解释，充分发挥刑法的保护功能》，载《人民司法》2005 年第 1 期。

产品的市场中间价格计算又不太公平（如在盗版视频案件中，由于盗版视频无论是质量还是其营销渠道一般都远逊于正版视频，因而实际销售的价格也会大大低于正版视频。如果无法查清盗版视频的标价或过去的销售价格，而按照正版视频的市场中间价格计算，计算出来的非法经营数额就会大大高于实际的非法经营数额，以此数额对侵权人定罪量刑显然不公平）。这些案件中的非法经营数额要么由于标价或已销售的价格不易查清而很难查清楚，要么按照被侵权复制品的市场中间价格计算而得出不公平的结果。在另外一些侵犯著作权的案件中，侵权行为人虽复制发行了大量的侵权物品，但由于销售价格或标价太低，其非法经营数额往往还达不到定罪标准。因此，对这类案件比较科学合理的解决方法之一就是以制售侵权品的数量（如网络视频的部、件等）来判断其情节的轻重，从而作为定罪情节的标准之一。

（2）最高人民法院和最高人民检察院于 2004 年 12 月 8 日联合发布的《关于办理侵犯知识产权刑事案件具体应用法律若干问题的解释》第 5 条第 1 款中已经将“未经著作权人许可，复制发行其文字作品、音乐、电影、电视、录像作品、计算机软件及其他作品，复制品数量合计在一千张（份）以上的”作为侵犯著作权罪的“严重情节”的标准之一。实践证明，该解释对于打击侵犯著作权罪起到了积极作用。

（3）有比较成熟的外国立法例可资借鉴，如美国 1992 年《版权刑事处罚修正案》规定，若违法行为在任何 180 天期间复制或发行至少 10 份侵犯其零售价超过 2500 美元的一个或多个版权作品的复制件或录音制品，应处罚金 25 万美元以下或 5 年以下监禁或并科。

3. 关于“给权利人造成重大损失”

本书认为，“给权利人造成重大损失”也应该作为侵犯著作权罪的定罪情节。主要理由在于：

（1）重大损失包括被侵权人受到的直接损失和间接损失，将其作为定罪情节，可以比较直接地标明侵犯著作权行为的社会危害性及其程度。

（2）非法经营数额或复制发行侵权作品的数量仍不能全面反映侵犯著作权行为的社会危害性及其程度。在有些案件中，侵权行为的社会危害性及其程度还需要借助该行为给权利人造成的损失来认定。例如，在侵权人以较低的价格复制发行少量专业网络视频的案件中，由于侵权人复制发行的数量较少而且价格较低，如果按照非法经营数额或者侵权复制品的数量计算，行为人的行为很难达到定罪标准，但是由于专业视频自身价值大而且应用领域较窄的特点，侵权人即使低价销售少量的视频也会给权利人造成重大损失。如果不对这种行为定罪处罚，就会放纵这种侵犯著作权的行为，从而不利于权利人利益的保护。

4. 关于“有其他严重情节”

在我国刑法中，“其他严重情节”的意义在于对不能明确列举穷尽的其他情形做一概括，以免立法上出现漏洞。随着新技术的层出不穷，侵犯著作权罪的行为方式、危害结果及其对象都会有新的表现形式，但是对于哪种情节可以更准确地反映侵犯著作权罪新的表现形式的社会危害性及其程度，由于人们认识水平等因素的制约，目前尚难以作出科学判断。因此，为避免出现立法上的漏洞，有必要保留侵犯著作权罪的“有其他严重情节”这种“兜底式”的定罪情节。但是，与现行刑法中的“其他严重情节”是指“违法所得数额较大”以外的其他严重情形不同的是，修改后的“有其他严重情节”是指“非法经营数额较大”、“复制发行侵权作品数量较大”和“给权利人造成重大损失”三种情节之外的其他严重情形。

五、侵犯著作权罪之罪与非罪的界限

在司法实践中认定侵犯著作权罪时，应划清该罪与正当行为、一般侵权行为的界限。

（一）侵权行为与正当行为的区别

“合理使用”和“法定许可使用”已发表的网络视频作品，不构成对他人著作权的侵权和犯罪。我国著作权法规定了“合理使用”和“法定许可使用”制度。所谓“合理使用”，是指在某些情况下使用他人已经发表的作品，可以不经著作权人许可，不向其支付报酬，但应当指明作者姓名、作品名称，并且不得侵犯著作权人依法享有的其他权利。所谓“法定许可使用”，是指根据法律的明确规定，以特定的方式使用已经发表的作品，可以不征得著作权人的同意，但应当按照规定支付报酬，并尊重著作权人的其他各项人身权利和财产权利。所以，如果行为人的行为从表面上看符合侵犯著作权行为的特点，但实际上却是“合理使用”或者“法定许可使用”的情形，则不能认定为侵权或者犯罪行为，而应当是合法行为。

（二）侵犯著作权犯罪与民事侵权的区别

对于著作权法第 47 条规定的侵犯著作权行为，仅追究民事责任，而根据著作权法第 48 条的规定，对于特定的八种侵犯著作权行为，追究民事责任；对其中危害公共利益的，追究行政法律责任；情节严重的，要追究其刑事责任。但在著作权法修订之前颁布生效的1997年刑法第217条仅规定了构成犯罪的四种侵犯著作权行为。这四种行为方式在著作权法第48条中也有规定。显而易见，根据刑法第217条的直接规定，侵犯著作权罪与著作权法第47条规定的民事侵权行为在行为内容和表现形式上彻底不同，与著作权法第48条所规定的刑法第217条规定侵权行为之外的其他行为相比，在性质上也是彻底相异。因此，关键的问题是如何区分刑法第217条所涉及的四种侵犯著作权行为在民事侵权和刑事犯罪上的界限。

根据刑法第217条的规定，侵犯著作权民事侵权行为与刑事犯罪的区别在于以下两点：（1）行为人主观上是否具有营利的目的。以营利为目的使用他人受著作权法保护的作品，严重侵犯了著作权人和与著作权有关的权利人的著作财产权。行为人不是为了营利而复制发行他人的著作或作品，如果符合著作权法规定的合理使用，则不属于违法的行为，不成立刑事犯罪，也不成立民事侵权，如果不符合著作权法规定的合理使用，行为人对未得到著作权人许可存在过失，即便经营所得数额或者经营数额较大，或有其他严重情节，该行为也仅仅是民事侵权，不构成犯罪。（2）侵权行为是否具有违法所得数额较大等严重情节。侵犯著作权罪表现为市场主体未经许可利用他人著作权，谋取经济收益的情形，侵犯的直接对象是他人依法享有的著作权和邻接权，而著作权和邻接权在市场经济中可带来经济收益，因而侵权行为往往给侵权人带来金钱或者财物的收益，从而严重损害著作权人和邻接权人的合法权益。金钱或财物收益的大小，著作权人和邻接权人的损失大小，反映出侵犯著作权犯罪行为对社会主义市场经济中平等竞争秩序的破坏状况，也成为决定侵犯著作权行为是否成立犯罪的标准。侵犯著作权的行为如果没有给犯罪人带来数额较大的违法所得，或者没有产生其他不良影响而具备其他严重情节，就不构成犯罪。

（三）侵犯著作权犯罪与行政违法的区别

根据著作权法第48条的规定，行为人侵犯著作权，同时损害公共利益的，要被处以行政处罚。在这种情况下，行为人实施危害公共利益的侵犯著作权行为，不仅要承担民事责任，还要承担行政法律责任。至于何为“损害公共利益”，不管是著作权法还是《著作权法实施条例》，都没有作出明确的规定。本书认为，公共利益是社会公众进行社会活动的自由和权利，体现为社会公众的社会活动秩序，“损害公共利益”的行为侵犯了社会公众依法自由进行社会活动的权利。对于是否损害公共利益，可根据侵权行为所违反的行政法律法规来确定。因为维护公共利益和社会公共秩序是国家行政法律法规的重要内容。这方面的行政法律法规通常是关于经济生活或者社会活动方面的管理制度，针对的是不特定的社会公众。损害公共利益的行为就违反了国家对经济和社会管理秩序的行政法律法规，如国家关于出版制度的规定等。

根据上述规定，此类侵犯著作权的行政违法行为共有八种，包括了刑法第217条规定的四种侵权行为。这四种侵权行为是成立行政违法还是刑事犯罪，需要分为两种情形：（1）侵犯行为若没有同时损害公共利益，就谈不上成立行政违法的问题，此时若违法所得数额较大或者有其他严重情节，即成立侵犯著作权罪，行为人并不承担行政违法的责任。由此可见，侵犯著作权罪并非典型的行政犯。行为人成立本罪，并不是因为行为严重违反行政法律法规才达到犯罪程度的。（2）侵犯行为若同时损害公共利益，情节严重，符合刑法规定的其他行政类犯罪的构成条件，从而成立相关的行政犯，如非法经营罪，制作、传播淫秽物品牟利罪等。若还有违法所得数额较大或其他严重情节，则可能成立侵犯著作权罪。但这并不能否定行为人承担行政违法的法律责任。

附录

上海市徐汇区人民法院
刑 事 判 决 书

（2017）沪 0104 刑初 325 号

公诉机关上海市徐汇区人民检察院。

被告人段某某，其他（略）。

辩护人（略）。

上海市徐汇区人民检察院以沪徐检金融刑诉（2017）13 号起诉书指控被告人段某某犯侵犯著作权罪、妨害信用卡管理罪，于 2017 年 5 月 5 日向本院提起公诉。本院于同年 5 月 9 日受理后，依法适用普通程序，组成合议庭，于同年 6 月 8 日公开开庭审理了本案。上海市徐汇区人民检察院指派检察员许某出庭支持公诉。被告人段某某及其辩护人张某、陈某均到庭参加了诉讼。其间根据法律法规规定，本案曾延期审理，现已审理终结。

上海市徐汇区人民检察院指控：

一、侵犯著作权犯罪事实

被告人段某某于 2013 年在互联网上设立名为“窝窝电影网”（运营前期网址为 www.wowody.net，后期变更为 www.wowo123.com）的视频网站，未经著作权人许可，利用视频“搜索爬虫”技术，针对乐视、土豆等各大知名视频网站的影视作品设置加框链接，为提高网站的知名度和被链影视作品的点击量，在网页内设置目录、索引、内容简介、排行榜等方式推荐影视作品，吸引用户点击播放，并为提高用户黏度，利用技术措施屏蔽权利人设置在部分影视作品上的片头广告。“窝窝电影网”运营期间，段某某主要以在网页内发布广告，从网络“广告联盟”处收取费用等方式牟利，至 2016 年 5 月案发，收取广告费用共计人民币 74 万余元（以下币种均同）。

经对“窝窝电影网”网页客户端进行司法鉴定，存在有效链接的影视作品共计 308 部；经对“窝窝电影网”服务器端进行司法鉴定，抽取次序为 25 的倍数且包含来源为“tudou（土豆）”的链接记录，共获得数据 355 条，其中存在有效链接的影视作品共计 203 部，这些有效视频的点击量总数为 3846189 次。

二、妨害信用卡管理犯罪事实

被告人段某某通过互联网大肆购买他人银行卡，共计 50 余张。

2016 年 5 月 4 日，公安机关在海南三亚抓获被告人段某某，并从其住处查获电脑、他人银行卡等涉案物品。被告人段某某到案后，如实交代了上述事实。

公诉机关认为，被告人段某某以营利为目的，未经著作权人许可，通过信息网络向公众传播他人影视作品，情节特别严重，其行为已触犯《中华人民共和国刑法》第二百一十七条第（一）项，犯罪事实清楚，证据确实、充分，应当以侵犯著作权罪追究其刑事责任。被告人段某某非法持有他人信用卡 50 余张，数量巨大，其行为已触犯《中华人民共和国刑法》第一百七十七条之一第一款第（二）项，犯罪事实清楚，证据确实、充分，应当以妨害信用卡管理罪追究其刑事责任。被告人段某某在判决宣告前一人犯数罪，根据《中华人民共和国刑法》第六十九条的规定，应当实行数罪并罚。被告人段某某能如实供述自己的罪行，根据《中华人民共和国刑法》第六十七条第三款，可以从轻处罚。根据《中华人民共和国刑事诉讼法》第一百七十二条的规定，提请依法审判。

被告人段某某辩称：其只是下载相关软件后采集数据，并不清楚何为“爬虫技术”；网站系软件自动架设，仅影片内容简介部分系其人工输入，其也没有主动屏蔽影视作品的片头广告，估计系软件自带的该功能；74 万余元的广告费收入还包含其运营的其他网站的收入；384 万余次的点击量并不仅仅是“窝窝电影网”的点击量，应该还包含被链网站的点击量；部分储蓄卡是其捡到的，并非全部都是购买而来。其对公诉机关的指控都认罪，现在非常后悔，也愿意赔偿，希望法庭能给其一个机会，让其早日回归社会。

被告人段某某的辩护人辩称：关于侵犯著作权罪，本案被告人通过信息网络向公众传播他人影视作品，不符合刑法规定的复制发行这一犯罪构成要件，链接不是复制发行；信息网络传播行为是否构成侵权，是否属于提供作品，应严格采用服务器标准，本案被告人的聚合链接行为显然不是作品提供行为，其并没有把他人的影视作品上传到服务器；被告人侵犯的是他人经营管理领域的相关权益，不构成著作权侵权，当然也不可能构成侵犯著作权罪。关于妨害信用卡管理罪，段某某持有诸多储蓄卡的目的是向广告公司收取广告费，如果“侵犯著作权罪”成立，则持有储蓄卡的行为与“侵犯著作权”的行为是一种牵连关系，不应数罪并罚，而应以一重罪论处，如果“侵犯著作权罪”不成立，则“妨害信用卡管理罪”有可能成立，但考虑到“储蓄卡”与“信用卡”的明显区别，法庭应该从轻处罚。关于本案的非法经营额，“窝窝电影网”筹办于2013年年底，2014年3月才开始正式运营，在此之前的广告费收入23万余元应当是被告人段某某运营其他网站的正常收入，“窝窝电影网”带来的广告收入应是51万余元，而非起诉书指控的74万余元。综上，被告人对自己的行为已有悔过之意，虽家境困难，其家属也愿意筹款缴纳罚金，希望法院能对被告人段某某从宽处理。

经审理查明：2013年年底，被告人段某某通过其在“马克斯”网站论坛下载的相关软件程序，在互联网上架设了“窝窝电影网”（网址前期为www.wowody.net，后于2016年年初变更为www.wowo123.com）。该网站能采集、聚合、链接乐视、土豆等国内各大视频网站的影视作品资源，并能屏蔽被链网站影视作品的片头广告；网站的网页内编辑设置有影视作品目录、索引、内容简介、排行榜等栏目，供用户点击浏览。网站设立后被告人即加入了两个广告联盟，采取在网页上刊登收费广告的方式，收取用户点击、浏览影视作品后产生的广告费。经统计，自2014年1月至2016年5月案发，被告人段某某通过广告联盟共收取广告费53万余元。

案发后根据对“窝窝电影网”网页客户端进行的司法鉴定，尚存有效链接的影视作品共计308部；经对“窝窝电影网”服务器端进行抽样司法鉴定，尚存有效链接的影视作品共计203部，该有效视频的点击量总数为3846189次。

经营中，被告人段某某为收取运营“窝窝电影网”获得的广告费，通过互联网购买了他人银行储蓄卡共计50余张。

2016年5月4日，公安机关在海南三亚抓获被告人段某某，并从其住处查获电脑、他人银行储蓄卡等涉案物品。

以上事实，有以下经庭审质证的证据加以证实（略）：

针对本案被告人及其辩护人对公诉机关认定的事实及指控的罪名提出的意见，本院根据查明的事实及认定的证据，就相关争议焦点作如下评判：

一、从刑法视界出发，通过信息网络向公众传播他人作品的行为是否应当视为“发行”?

《世界知识产权组织版权条约》（以下简称《版权条约》）将发行权定义为：“文学和艺术作品的作者应享有授权通过销售或其它所有权转让形式向公众提供其作品原件或复制品的专有权”。《版权条约》规定发行权中所表述的复制品专指“可作为有形物品投放流通的固定的复制品”。同时《版权条约》也设置了向公众提供（传播）权，即“文学和艺术作品的作者应享有专有权，以授权将其作品以有线或无线方式向公众传播，包括将其作品向公众提供，使公众中的成员在其个人选定的地点和时间可获得这些作品”，这类似于《中华人民共和国著作权法》（以下简称《著作权法》）中的信息网络传播权。这样的规定将是否存在“有形载体所有权或者占有的转移”作为发行权和传播权的最大区别，避免了权利冲突问题的发生。那么我国《著作权法》是作出了类似清晰的类型化的区别保护还是由于未将发行权针对的作品明确规定为“有形复制品”从而导致了发行权和信息网络传播权交叉不包容的冲突?《著作权法》规定，发行权是指著作权人享有的“以出售或者赠与方式向公众提供作品的原件或者复制件的权利”。信息网络传播权是指著作权人享有的“以有线或者无线方式向公众提供作品，使公众可以在其个人选定的时间和地点获得作品的权利”。从体系上看，《著作权法》是将发行权和信息网络传播权作为著作财产权的不同类型分别作了规定，非常类似于《版权条约》的模式，目前的最大争议在于《著作权法》关于发行权的定义是否像《版权条约》及欧盟那样已明确控制的行为对象系有形载体的流通。如果答案是否定的，那么无疑信息网络传播行为和发行之间存在着交叉和竞合，从而将不可避免地产生冲突。本院认为，《著作权法》关于发行权和信息网络传播权的定义主要脱胎于《版权条约》，其条文本意应系一脉相承，从《著作权法》的体系及章节排列来看，发行权和信息网络传播权并列属于著作财产权的权属之一，不存在交叉的可能。从发行权的定义分析，向公众提供作品的原件或者复制件，其原件必然应是首次被固定在有形物质载体上而形成，复制也就是“作品加有形物质载体”的转移过程，信息网络传播并不能使公众获得作品原件或有形复制件，该行为当然不应属于著作权法意义上的发行行为，两种权利各有不同的边界，控制不同的行为，理应属于不包容不冲突的不同权利。

争议的产生在于时代的发展，技术的进步。互联网改变了我们的世界，也改变了作品的传播方式。当作品可以以数字化的方式由网络经营者、服务者、用户等上传至向公众开放的网络世界时，公众就无须再占有或转移有形载体所有权，而是通过网络将该数字化作品下载至自己的电脑或智能手机等即可获得作品的复制件。互联网彻底颠覆了传统的作品传播方式，也彻底改变了作品的流通途径。这种信息网络传播的方式客观上使公众快速、简便、大量地获得了作品的复制件，从结果上来说与传统意义上的“发行”并无区别，《著作权法》所保护的作品类型也包括作品的数字化形式。故从刑法视界出发，侵犯发行权和侵犯信息网络传播权对相关法益造成的侵害应该是高度一致的。从某种程度上讲，传统的作品发行方式将不断萎缩，作品通过网络的传播而流通将不断扩大，传统的侵犯著作权人发行权的行为将日趋减少，而通过信息网络传播作品侵害著作权将成为主流。因其快速简便及低成本的特点，这种侵害行为必将多发，作品被侵权数量将比传统模式增大，权利人的不可控损失亦将扩大。又由于技术发展对立法带来的挑战，打击将日趋困难。故如何在新形势下从刑法视界出发不断研究、精准打击侵害信息网络传播权的行为是我们必将面临的重大挑战。

《中华人民共和国刑法》（以下简称《刑法》）第二百一十七条规定："以营利为目的，有下列侵犯著作权情形之一，违法所得数额较大或者有其他严重情节的，处三年以下有期徒刑或者拘役，并处或者单处罚金；违法所得数额巨大或者有其他特别严重情节的，处三年以上七年以下有期徒刑，并处罚金：（一）未经著作权人许可，复制发行其文字作品、音乐、电影、电视、录像作品、计算机软件及其他作品的；（二）出版他人享有专有出版权的图书的；（三）未经录音录像制作者许可，复制发行其制作的录音录像的；（四）制作、出售假冒他人署名的美术作品的。"从法条规定可以发现，《刑法》并未将"通过信息网络传播作品"列为侵犯著作权的情形之一，也没有规定"其他侵犯著作权的行为"的类似兜底条款。但 1997 年《刑法》自实施至今已历时二十年，至今所有刑法修正案均未对第三章第七节的侵犯知识产权罪七个罪名作出过任何修订。而正如上文所述，通过信息网络传播作品已经成为侵犯著作权的常态，其客观结果和对相关法益造成的侵害与复制、发行行为并无二致，如在《刑法》实施过程中对类似行为不予规制，相关著作权人的著作权及与著作权有关的其他权益、蓬勃发展的文化产业市场的良好竞争秩序及国家的有关著作权管理制度等都将受到严重损害，这也和不断加大知识产权保护力度、严厉打击侵犯知识产权犯罪行为的司法政策是相悖的。故2004年最高人民法院、最高人民检察院《关于办理侵犯知识产权刑事案件具体应用法律若干问题的解释》第十一条第三款规定："通过信息网络向公众传播他人文字作品、音乐、电影、电视、录像作品、计算机软件及其他作品的行为，应当视为刑法第二百一十七条规定的'复制发行'。"2007年最高人民法院、最高人民检察院《关于办理侵犯知识产权刑事案件具体应用法律若干问题的解释（二）》又明确"复制发行"包括复制、发行或者既复制又发行的行为。这些司法解释较好地弥补了因社会和技术的发展而造成的滞后性遗漏，现阶段不失为一个解决办法，法院也按照这些解释判处了大量通过信息网络向公众传播作品侵犯他人著作权的案件。当然终结方案还是期待立法的完善，在《刑法》上将未经著作权人许可，通过信息网络传播他人作品的行为规定为独立的侵犯著作权的情形之一。

二、本案被告人的行为是否属于"通过信息网络向公众传播他人作品"？

《著作权法》规定，信息网络传播权，即以有线或者无线方式向公众提供作品，使公众可以在其个人选定的时间和地点获得作品的权利。这项权利控制的是通过信息网络交互式传播使公众可以在其个人选定的时间和地点获得及可能获得作品的行为。本案中被告人段某某所设链的乐视、土豆等上游网站，经影视作品著作权人的转让或许可，上传影视作品供公众获取，无疑实施的是著作权法意义上的信息网络传播行为。那么被告人的行为应如何定性？是否属于刑事司法解释中规定的“通过信息网络向公众传播他人作品”？

本院认为，司法解释中所称的“通过信息网络向公众传播他人作品”，不应狭隘地定性为作品提供行为，而是应当作广义的理解，既应该包括作品的初始提供行为，也应该包括提供作品以外的各种提供网络服务的行为，所有的原始传播及继发传播，包括但不限于传播（提供）作品、使作品的传播成为可能、为作品的传播提供便利、扩大作品的授权传播范围等，都应该属于信息网络传播行为。只有作这样开放性的理解而不是囿于《著作权法》意义上狭义的信息网络传播权的概念，才能涵盖所有的信息网络传播行为，从而从本质上按犯罪构成要件等对每个行为的具体性质作出定性和判断。司法解释对每一种行为的界定其概念必须是周延的，“通过信息网络向公众传播他人作品”不可能仅指向作品提供行为，从而放纵实践中也会构成严重侵权甚至刑事犯罪的相关网络服务提供行为。不管是“服务器标准”“用户感知标准”“实质替代标准”“实际控制标准”等，都是人为拟制的行为在某一阶段的不同侵权认定标准，实质上各种标准最后都应该归结为两大责任归责原则，即提供内容和提供服务的责任归责，而这两种行为即为广义的信息网络传播行为。本案中，被告人段某某在互联网上设立视频网站，利用搜索爬虫技术，针对其他视频网站的影视作品设置加框链接，并设置目录、索引、内容简介、排行榜等，吸引用户点击播放，另屏蔽所链影视作品的片头广告，在所设网站网页内发布广告后从网络“广告联盟”处收取费用牟利，整个行为从性质看系聚合相关内容以后的加框链接，属网络服务提供行为，该行为应当属于司法解释中广义的“通过信息网络向公众传播他人作品”。此外，我们必须强调，任何技术的发展和应用不应该引发对行为是否构成犯罪的质疑，技术本身是不存在任何价值选择的，需要判断的是行为人利用技术实施了什么行为，该行为的本质和对法益的侵害是否已经符合犯罪的构成要件。特别是对于新技术所引发的问题，在确认行为的性质时，往往由于事实的认定、立法的迟滞、法律的认知等各种主客观因素的影响，使结果的判断出现偏差，故侵权的认定与否并不代表行为人不需要承担其他责任后果，也不必然是构成犯罪的前置条件。互联网不是法外之地，新技术也不是无责托词，任何创新都不能是无底线、无边界的“探索”。本院注意到，目前类似本案的非法视频聚合链接软件在网上已经比比皆是，开发者都声称能聚合链接各大视频网站所有影视作品，并能屏蔽原网站广告，系吸引用户浏览点击后获取广告费的“利器”。如果对此类行为再不予重视和规制，已经日趋健康的互联网竞争秩序将回复残酷的“丛林弑杀”。被告人的行为使他人与其经济利益相匹配的作品可控传播范围得以无限扩大，不仅展示了他人作品，而且使用户能轻易直接获得该作品，这种未经他人授权许可的作品再提供及牟利，本院无法得出其性质正当性的可能。而且刑事的犯罪构成要件相对于民事的侵权认定标准要更为严谨，一种行为是否构成犯罪，应严格遵循刑事审判的规律，按犯罪构成要件来具体分析确定。

三、被告人的行为是否构成侵犯著作权罪？如果成罪，应承担怎样的刑事责任？

如上文所述，被告人在本案中实施的是聚合以后的加框链接行为，链接技术本身是中立的，但技术中立并不代表采用该技术就不构成侵权或严重情况下不触犯刑律。只有主观上不明知或应知被链作品系侵权作品，客观上未故意避开或破坏技术措施，仅是基于用户指令为查找、定位、浏览、获取相关信息而实施的客观的网页和目标间的转换连接，才有可能豁免其相关责任。根据《刑法》及相关司法解释的规定，以营利为目的，未经著作权人许可，复制发行他人作品，违法所得数额较大或者有其他严重情节的，处三年以下有期徒刑或者拘役，并处或者单处罚金；违法所得数额巨大或者有其他特别严重情节的，处三年以上七年以下有期徒刑，并处罚金。通过信息网络传播他人作品，或者利用他人上传的侵权作品，在网站或者网页上提供刊登收费广告服务，直接或者间接收取费用的，属于《刑法》第二百一十七条规定的“以营利为目的”；没有得到著作权人授权或者伪造、涂改著作权人授权许可文件或者超出授权许可范围的，属于“未经著作权人许可”；通过信息网络向公众传播他人作品的，视为“复制发行”；“复制发行”包括复制、发行或者既复制又发行；“发行”包括通过信息网络传播；传播他人作品数量合计在五百件（部）以上或实际被点击数达到五万次以上的，或非法经营额在五万元以上的，属于“有其他严重情节”；传播他人作品数量合计在二千五百件（部）以上或实际被点击数达到二十五万次以上的，或非法经营额在二十五万元以上的，属于“有其他特别严重情节”。

本案中，被告人当庭供述，自 2013 年年底起，其发现做电影视频网站比较简单，来钱快，就通过“马克斯”网站论坛下载了相关软件程序，该程序可以自动采集、链接各大视频网站的电影资源后建立网站，其并不关心链接的是什么视频网站，影视作品是正版还是盗版，只要求链过来能够让别人看到。网站设立后其即加入了两个广告联盟，在网站上刊登收费广告，收取用户浏览后产生的广告费达数十万元。其间，因设立的网站域名没有备案被责令关闭，被告人更换网址后继续不备案非法运营。其不知道设立网站链接他人影视作品是否需要获得授权，也从不关心这个问题。

本院认为，分析被告人的主观状态可以确认，其对被链作品的来源采取的是放任的态度，即从不考虑侵权与否，只追求能聚合链接到最多的影视作品，吸引最多的用户不断浏览、不停点击；其并非出于利用互联网“互联互通”的特性，为扩大作品的传播范围、发散作品的影响力、方便用户选择、增强用户体验而聚合链接影视作品，架设涉案网站（被责令关闭后仍变址架设）的唯一目的就是通过广告联盟刊登收费广告，经用户点击、浏览其传播的影视作品产生广告费并攫取，谋取非法利益的故意极其明显，完全符合《刑法》规定的“以营利为目的”；客观上也不需要再讨论涉案网站上的影视作品的传播是否经过了著作权人的许可；其所实施的聚合各大视频网站海量影视作品后加框链接的行为，前文已作过详细论述，属于“通过信息网络向公众传播他人作品”，从而应视为发行；根据起诉书的指控及庭审的查证，被告人传播他人作品的数量、作品的被点击数、涉案的非法经营额等，均已达到《刑法》和司法解释规定的“其他严重情节”或“其他特别严重情节”的要求，故本案被告人段某某以营利为目的，未经著作权人许可，发行（通过信息网络向公众传播）他人作品，并具有其他严重情节或特别严重情节，已构成《刑法》第二百一十七条规定的侵犯著作权罪，应予处罚。

关于本案被告人侵犯著作权罪的刑格，其虽链接后传播了海量的各大视频网站的影视作品，但起诉书指控的数量仅为抽样鉴定后存在有效链接的511部，按司法解释规定，五百件（部）以上属于“有其他严重情节”，应处三年以下有期徒刑或者拘役，并处或者单处罚金；起诉书另指控有效链接的影视作品的点击数达到3846189次，按规定实际被点击数达到二十五万次以上的，属于“有其他特别严重情节”，应处三年以上七年以下有期徒刑，并处罚金。对此被告人辩称，该点击数应该包含被链网站用户浏览后的点击量，故以此为量刑标准并不准确。本院认为，本案被告人实施的聚合链接行为一般不发生网页的实际跳转，仅加框后覆盖了被链网页的部分信息，所显示的作品点击数理论上应包含被告人网站和被链网站的全部用户点击数，但被告人下载的该软件，能自动屏蔽被链网站的片头广告等，不排除存在一些非法技术措施，对点击量等信息也能进行修改，故本案中没有确切证据能证明起诉书指控的被链影视作品的点击数是包含还是不包含被链网站用户点击数，故以此为标准量刑依据不足，对被告人的该辩称本院予以采纳；起诉书还指控被告人收取了广告费74万余元，非法经营额超25万元，属于“有其他特别严重情节”，应处三年以上七年以下有期徒刑，并处罚金。对此被告人的辩护人辩称，本案被告人从2011年起即经营其他小游戏网站并加入了广告联盟，“窝窝电影网”系2013年年底开始筹办，自2014年3月起正式运营，故之前的23万余元广告费应系经营其他游戏网站的收入，2014年3月以后，大部分是“窝窝电影网”带来的收入，小部分是运营其他网站的收入，故被告人的非法经营额应该认定为51万余元。本院认为，根据起诉书的指控和被告人的供述，“窝窝电影网”系2013年年底开始架设，故之前的广告费收入21万余元不论是否合法，均不应计入本案的非法经营额，辩护人的辩称本院予以采纳。从2014年起至案发，被告人经营“窝窝电影网”的广告费收入为53万余元，该金额应认定为被告人本案的非法经营额，由于已经超过25万元，属于“有其他特别严重情节”，应处三年以上七年以下有期徒刑，并处罚金。综合本案的各量刑情节，本案应当对被告人段某某侵犯著作权罪在三年以上七年以下量刑，并处罚金。

四、本案被告人是否同时构成妨害信用卡管理罪？

起诉书指控，被告人段某某通过互联网大肆购买他人银行卡，共计50余张，非法持有他人信用卡数量巨大，其行为已触犯《刑法》第一百七十七条之一第一款第二项，应当以妨害信用卡管理罪追究其刑事责任，并与侵犯著作权罪实行数罪并罚。对此被告人的辩护人辩称，被告人确实购买并非法持有了诸多银行储蓄卡，但其购卡的目的是方便收取广告费，持有储蓄卡是为了实现“侵犯著作权犯罪”的目的，故“侵犯著作权”和“持有储蓄卡”两个行为系一种牵连关系，如果法院认定被告人构成“侵犯著作权罪”，则被告人不应同时构成“妨害信用卡管理罪”的数罪；如果被告人不构成“侵犯著作权罪”，则被告人可能构成“妨害信用卡管理罪”，但本案中被告人持有的都是储蓄卡，虽然有关解释把储蓄卡也视为信用卡的范畴，但储蓄卡和《信用卡业务管理办法》及《商业银行信用卡业务监督管理办法》中所界定的具有银行授信额度和透支功能的信用卡毕竟是不同的，立法本意所打击的对象更应该是妨害真正的信用卡管理的行为，如果本案要对被告人以妨害信用卡管理罪定罪，则应该充分考虑到储蓄卡和真正信用卡的区别，在量刑时予以从轻、减轻。

本院认为，《中华人民共和国刑法修正案（五）》之所以要将非法持有他人信用卡，数量较大的情形规定为妨害信用卡管理的犯罪行为，主要是因为这种方式是国际信用卡犯罪的新形式，信用卡犯罪集团或个人往往与资信状况不良者串通，领取、收买大量信用卡后大肆透支消费或取现，其行为的性质就是诈骗，故《刑法》将持有大量他人信用卡，无法说明其合法来源的行为规定为犯罪是完全有必要的。本案中被告人持有的是银行储蓄卡，虽然全国人大常委会关于《刑法》有关信用卡规定的解释将“信用卡”定义为商业银行或者其他金融机构发行的具有消费支付、信用贷款、转账结算、存取现金等全部功能或者部分功能的电子支付卡，本案的银行储蓄卡当然也包含在内，但储蓄卡的功能与以信用贷款为主要功能的信用卡确实存在很大的差别，持有大量无法说明其合法来源的他人信用卡的危害性显然要大于持有大量的储蓄卡。从本案被告人的行为分析，其持有大量储蓄卡的目的显然不是透支消费或套现从而妨害了信用卡的管理秩序，而是利用手中的储蓄卡来收取传播他人作品后从广告联盟所获得的广告费，正因为被告人意识到自己传播行为的不正当性，所以才要利用大量的储蓄卡开设多个支付宝账户分散存取款，以避免单一账户可能被查处时所造成的损失。综上，本案被告人持有大量储蓄卡之行为的目的是收取侵犯他人著作权后的非法所得，持有大量储蓄卡与侵犯他人著作权之间显然具有方法与目的，原因和结果的密切联系及牵连关系，故应当择侵犯著作权罪予以处罚，被告人辩护人的部分观点本院予以采纳，不予认定公诉机关提出的被告人同时构成侵犯著作权罪及妨害信用卡管理罪并应数罪并罚的观点。

综上，本院认为，被告人段某某以营利为目的，未经著作权人许可，通过信息网络向公众传播（视为发行）大量他人影视作品，非法经营额达53万余元，属情节特别严重，其行为已构成侵犯著作权罪，应予处罚。公诉机关关于该犯罪事实的指控成立。被告人为侵犯他人著作权后收取非法所得而持有大量银行储蓄卡，不构成数罪并罚，应当择侵犯著作权罪予以处罚。被告人到案后能如实供述自己的罪行，依法可以从轻处罚。被告人积极认罪认罚，可酌情从轻处罚。根据本案的事实、性质、情节、对社会的危害程度、认罪悔罪态度，依照《刑法》第二百一十七条第一项，第六十七条第三款，第七十二条第一款、第三款，第七十三条第二款、第三款，第五十三条，第六十四条，最高人民法院、最高人民检察院《关于办理侵犯知识产权刑事案件具体应用法律若干问题的解释》第五条第二款第一项、第十一条，最高人民法院、最高人民检察院《关于办理侵犯知识产权刑事案件具体应用法律若干问题的解释（二）》第一条、第二条，最高人民法院、最高人民检察院、公安部《关于办理侵犯知识产权刑事案件适用法律若干问题的意见》第十条第二项、第十二条、第十三条之规定，判决如下：

一、被告人段某某犯侵犯著作权罪，判处有期徒刑三年，缓刑三年，并处罚金人民币十五万元。

（缓刑考验期限，从判决确定之日起计算；罚金款应于本判决生效之日起一个月内缴纳）

二、被告人段某某的违法所得予以追缴。

三、被告人段某某扣押在案的犯罪工具予以没收。

段某某：在社区中，应当遵守法律、法规，服从监督管理，接受教育，完成公益劳动，做一名有益于社会的公民。

如不服本判决，可在接到判决书的第二日起十日内，通过本院或直接向上海市第三中级人民法院提出上诉。书面上诉的，应当提交上诉状正本一份，副本一份。

审　判　长　王利民
审　判　员　林佩瑶
人民陪审员　刘梅娟
二〇一七年十二月二十日
书　记　员　刘秋雨

附：相关法律条文

一、《中华人民共和国刑法》

第二百一十七条　以营利为目的，有下列侵犯著作权情形之一，违法所得数额较大或者有其他严重情节的，处三年以下有期徒刑或者拘役，并处或者单处罚金；违法所得数额巨大或者有其他特别严重情节的，处三年以上七年以下有期徒刑，并处罚金：

（一）未经著作权人许可，复制发行其文字作品、音乐、电影、电视、录像作品、计算机软件及其他作品的；

（二）出版他人享有专有出版权的图书的；

（三）未经录音录像制作者许可，复制发行其制作的录音录像的；

（四）制作、出售假冒他人署名的美术作品的。

第六十七条　犯罪以后自动投案，如实供述自己的罪行的，是自首。对于自首的犯罪分子，可以从轻或者减轻处罚。其中，犯罪较轻的，可以免除处罚。

被采取强制措施的犯罪嫌疑人、被告人和正在服刑的罪犯，如实供述司法机关还未掌握的本人其他罪行的，以自首论。

犯罪嫌疑人虽不具有前两款规定的自首情节，但是如实供述自己罪行的，可以从轻处罚；因其如实供述自己罪行，避免特别严重后果发生的，可以减轻处罚。

第七十二条　对于被判处拘役、三年以下有期徒刑的犯罪分子，同时符合下列条件的，可以宣告缓刑，对其中不满十八周岁的人、怀孕的妇女和已满七十五周岁的人，应当宣告缓刑：

（一）犯罪情节较轻；

（二）有悔罪表现；

（三）没有再犯罪的危险；

（四）宣告缓刑对所居住社区没有重大不良影响。

宣告缓刑，可以根据犯罪情况，同时禁止犯罪分子在缓刑考验期限内从事特定活动，进入特定区域、场所，接触特定的人。

被宣告缓刑的犯罪分子，如果被判处附加刑，附加刑仍须执行。

第七十三条　拘役的缓刑考验期限为原判刑期以上一年以下，但是不能少于二个月。

有期徒刑的缓刑考验期限为原判刑期以上五年以下，但是不能少于一年。

缓刑考验期限，从判决确定之日起计算。

第五十三条　罚金在判决指定的期限内一次或者分期缴纳。期满不缴纳的，强制缴纳。对于不能全部缴纳罚金的，人民法院在任何时候发现被执行人有可以执行的财产，应当随时追缴。

由于遭遇不能抗拒的灾祸等原因缴纳确实有困难的，经人民法院裁定，可以延期缴纳、酌情减少或者免除。

第六十四条　犯罪分子违法所得的一切财物，应当予以追缴或者责令退赔；对被害人的合法财产，应当及时返还；违禁品和供犯罪所用的本人财物，应当予以没收。没收的财物和罚金，一律上缴国库，不得挪用和自行处理。

二、最高人民法院、最高人民检察院《关于办理侵犯知识产权刑事案件具体应用法律若干问题的解释》

第五条　以营利为目的，实施刑法第二百一十七条所列侵犯著作权行为之一，违法所得数额在三万元以上的，属于“违法所得数额较大”；具有下列情形之一的，属于“有其他严重情节”，应当以侵犯著作权罪判处三年以下有期徒刑或者拘役，并处或者单处罚金：

（一）非法经营数额在五万元以上的；

（二）未经著作权人许可，复制发行其文字作品、音乐、电影、电视、录像作品、计算机软件及其他作品，复制品数量合计在一千张（份）以上的；

（三）其他严重情节的情形。

以营利为目的，实施刑法第二百一十七条所列侵犯著作权行为之一，违法所得数额在十五万元以上的，属于“违法所得数额巨大”；具有下列情形之一的，属于“有其他特别严重情节”，应当以侵犯著作权罪判处三年以上七年以下有期徒刑，并处罚金：

（一）非法经营数额在二十五万元以上的；

（二）未经著作权人许可，复制发行其文字作品、音乐、电影、电视、录像作品、计算机软件及其他作品，复制品数量合计在五千张（份）以上的；

（三）其他特别严重情节的情形。

第十一条　以刊登收费广告等方式直接或者间接收取费用

的情形，属于刑法第二百一十七条规定的“以营利为目的”。

刑法第二百一十七条规定的“未经著作权人许可”，是指没有得到著作权人授权或者伪造、涂改著作权人授权许可文件或者超出授权许可范围的情形。

通过信息网络向公众传播他人文字作品、音乐、电影、电视、录像作品、计算机软件及其他作品的行为，应当视为刑法第二百一十七条规定的“复制发行”。

三、最高人民法院、最高人民检察院《关于办理侵犯知识产权刑事案件具体应用法律若干问题的解释（二）》

第一条　以营利为目的，未经著作权人许可，复制发行其文字作品、音乐、电影、电视、录像作品、计算机软件及其他作品，复制品数量合计在五百张（份）以上的，属于刑法第二百一十七条规定的“有其他严重情节”；复制品数量在二千五百张（份）以上的，属于刑法第二百一十七条规定的“有其他特别严重情节”。

第二条　刑法第二百一十七条侵犯著作权罪中的“复制发行”，包括复制、发行或者既复制又发行的行为。

侵权产品的持有人通过广告、征订等方式推销侵权产品的，属于刑法第二百一十七条规定的“发行”。

非法出版、复制、发行他人作品，侵犯著作权构成犯罪的，按照侵犯著作权罪定罪处罚。

四、最高人民法院、最高人民检察院、公安部《关于办理侵犯知识产权刑事案件适用法律若干问题的意见》

十、关于侵犯著作权犯罪案件“以营利为目的”的认定问题

除销售外，具有下列情形之一的，可以认定为“以营利为

目的”：

（一）以在他人作品中刊登收费广告、捆绑第三方作品等方式直接或者间接收取费用的；

（二）通过信息网络传播他人作品，或者利用他人上传的侵权作品，在网站或者网页上提供刊登收费广告服务，直接或者间接收取费用的；

（三）以会员制方式通过信息网络传播他人作品，收取会员注册费或者其他费用的；

（四）其他利用他人作品牟利的情形。

十二、关于刑法第二百一十七条规定的“发行”的认定及相关问题

“发行”，包括总发行、批发、零售、通过信息网络传播以及出租、展销等活动。

非法出版、复制、发行他人作品，侵犯著作权构成犯罪的，按照侵犯著作权罪定罪处罚，不认定为非法经营罪等其他犯罪。

十三、关于通过信息网络传播侵权作品行为的定罪处罚标准问题

以营利为目的，未经著作权人许可，通过信息网络向公众传播他人文字作品、音乐、电影、电视、美术、摄影、录像作品、录音录像制品、计算机软件及其他作品，具有下列情形之一的，属于刑法第二百一十七条规定的“其他严重情节”：

（一）非法经营数额在五万元以上的；

（二）传播他人作品的数量合计在五百件（部）以上的；

（三）传播他人作品的实际被点击数达到五万次以上的；

（四）以会员制方式传播他人作品，注册会员达到一千人以上的；

（五）数额或者数量虽未达到第（一）项至第（四）项规定标准，但分别达到其中两项以上标准一半以上的；

（六）其他严重情节的情形。

实施前款规定的行为，数额或者数量达到前款第（一）项至第（五）项规定标准五倍以上的，属于刑法第二百一十七条规定的“其他特别严重情节”。

参考文献

一、专著

1. 高铭暄、王作富：《新中国刑法的理论与实践》，河北人民出版社 1988 年版。

2. 何建贵：《行政处罚法律问题研究》，中国法制出版社 1996 年版。

3. 李岳德：《〈中华人民共和国行政处罚法〉释义》，中国法制出版社 1996 年版。

4. 郭庆光：《传播学教程》，中国人民大学出版社 1999 年版。

5. 高铭暄、马克昌：《刑法学》，北京大学出版社 2000 年版。

6. 何家弘：《证据学论坛》，中国检察出版社 2001 年版。

7. 李明德、许超：《著作权法》，法律出版社 2003 年版。

8. 于志刚：《虚拟空间中的刑法理论》，中国方正出版社 2003 年版。

9. 张乃根、符望：《全球电子商务的知识产权法》，上海交通大学出版社 2004 年版。

10. 于同志：《网络犯罪》，法律出版社 2008 年版。

11. 梁凤云：《最高人民法院行政诉讼批复答复解释与应用》（法律适用卷），中国法制出版社 2011 年版。

12. 徐松林：《以刑释罪：一种刑法实质解释方法》，法律出版社 2015 年版。

13. 张巍：《涉网络犯罪相关行为刑法规制研究》，法律出版社 2015 年版。

14. 张明楷：《刑法学》，法律出版社 2011 年版。

二、学术论文

1. 张明楷：《论刑法中的“以营利为目的”》，载《中国刑事法杂志》1995 年第 4 期。

2. 冯英菊：《论赃物犯罪中的“明知”》，载《人民检察》1997 年第 12 期。

3. 张明楷：《刑法第 14 条“销售金额”的展开》，载马俊驹主编：《清华法律评论》（第 2 辑），清华大学出版社 1999 年版。

4. 焦文铭：《超链接侵权的法律规制》，载《南京大学学报》2001 年第 5 期。

5. 赵秉志、许成磊：《侵犯注册商标权犯罪问题研究》，载《法律科学》2002 年第 3 期。

6. 唐稷尧：《知识产权犯罪：利益背景与刑事控制》，载《中国刑事法杂志》2002 年第 3 期。

7. 田宏杰：《论我国知识产权的刑事法律保护》，载《中国法学》2003 年第 3 期。

8. 胡云腾、刘科：《知识产权刑事司法解释若干问题研究》，载《中国法学》2004 年第 6 期。

9. 屈学武:《销售侵权复制品罪疏议》,载《中国刑法学年会文集》(2004年度),中国人民公安大学出版社2004年版。

10. 王志东:《俩20岁“网主”网上贩“黄”震惊公安部》,载《辽沈晚报》2004年9月15日。

11. 肖献松:《一男子将大量淫秽电影发布到个人网站害人害己》,载《江淮晨报》2004年9月22日。

12. 茆艺宗:《浅论超文本链接相关的版权侵权与保护》,载《安徽广播电视大学学报》2005年第1期。

13. 刘勇:《链接中侵权行为的界定以及法律适用》,载《电子知识产权》2005年第2期。

14. 王迁:《论“信息定位服务提供者”间接侵权行为的认定》,载《学术论坛》2006年第1期。

15. 谭九生:《网络链接行为中的著作权问题探析》,载《理论与探索》2006年第2期。

16. 唐治祥:《对“明知他人有间谍犯罪行为”的理解》,载《成都教育学院学报》2006年第2期。

17. 马剑峰:《超文本链接可能引发的反不正当竞争法律问题初探》,载《知识产权》2006年第3期。

18. 卢建平:《在宽严和轻重之间寻求平衡——我国侵犯著作权犯罪刑事立法完善的方向》,载《深圳大学学报》2006年第5期。

19. 曲新久:《中国刑法现代化的基本走向》,载《政法论坛》2007年第4期。

20. 赵秉志:《刑法应取消侵犯著作权犯罪中“以营利为目的”的主观要素》,载《中国版权》2007年第5期。

21. 蔡桂生:《国际刑法中“明知”要素研究》,载《法治论丛》2007年第5期。

22. 丛立先：《论网络服务提供者的版权侵权责任》，载《时代法学》2008年第1期。

23. 王迁：《论著作权意义上的“发行”——兼评两高对刑法“复制发行”的两次司法解释》，载《知识产权》2008年第1期。

24. 石必胜：《论链接不替代原则——以下载链接的经济分析为进路》，载《科技与法律》2008年第5期。

25. 张明楷：《刑法解释理念》，载《国家检察官学院学报》2008年第6期。

26. 于志刚：《侵犯著作权罪中“以营利为目的”的网络异化》，载《昆明理工大学学报》2008年第7期。

27. 李松、黄洁：《28张淫秽照片点击超8万，首起按点击定罪量刑案引关注》，载《法制日报》2008年12月24日。

28. 王迁：《网络环境中版权直接侵权的认定》，载《东方法学》2009年第2期。

29. 郑伟：《就这样动摇了共同犯罪的根基——论组织卖淫罪与协助组织卖淫罪的怪异切分》，载《法学》2009年第12期。

30. 于志刚：《搜索引擎恶意链接行为的刑法评价》，载《人民检察》2009年第12期。

31. 罗李梅：《传播淫秽物品犯罪研究》，四川省高级人民法院第十二届学术讨论会获奖论文。

32. 陈家胜：《信息网络传播权与链接的关系》，载《电子知识产权》2010年第2期。

33. 于同志：《利用WAP技术传播淫秽电子信息点击数的

认定》，载《人民司法》2010 年第 2 期。

34. 于志刚：《网络犯罪与中国刑法应对》，载《中国社会科学》2010 年第 3 期。

35. 权成宇：《播放器经营方式及其侵权责任分析》，载《中国版权》2010 年第 3 期。

36. 贺志军：《我国侵犯著作权犯罪“营利目的”要件研究》，载《成都理工大学学报》（社会科学版）2011 年第 3 期。

37. 郝方昉：《关于构成侵犯著作权罪应否需要“以营利为目的”的理性思考》，载《西南科技大学学报》（哲学社会科学版）2011 年第 5 期。

38. 詹启智：《“避风港”保护的网络链接服务具有公开性——兼论与网络转载的联系与区别》，载《出版发行研究》2011 年第 11 期。

39. 皮勇、黄琰：《论刑法中的“应当知道”——兼论刑法边界的扩张》，载《法学评论》2012 年第 1 期。

40. 付国华、雷艳珍：《深度链接提供者版权侵权认定》，载《湖北经济学院学报》2012 年第 2 期。

41. 阎二鹏：《共犯行为正犯化及其反思》，载《国家检察官学院学报》2013 年第 3 期。

42. 夏雨：《责令改正之行为性质研究》，载《行政法学研究》2013 年第 3 期。

43. 王冠：《深度链接行为入罪化问题的最终解决》，载《法学》2013 年第 9 期。

44. 战宇：《百度影音与快播盗版侵权案的思考》，载《软件工程师》2014 年第 3 期。

45. 吕长军：《视频客户端盗链的侵权模式及法律责任分

析》，载《电子知识产权》2014 年第 5 期。

46. 崔国斌：《加框链接的著作权法规制》，载《政治与法律》2014 年第 5 期。

47. 徐松林：《视频搜索网站深度链接行为的刑法规制》，载《知识产权》2014 年第 11 期。

48. 孙万怀：《慎终如始的民刑推演——网络服务提供行为的传播性质》，载《政法论坛》2015 年第 1 期。

49. 阎二鹏、梅腾：《行为共同说视角下深度链接入罪化探究》，载《江海学刊》2015 年第 4 期。

50. 周光权：《网络服务商的刑事责任范围》，载《法学杂志》2015 年第 5 期。

51. 车浩：《刑事立法的法教义学反思——基于〈刑法修正案（九）〉的分析》，载《法学》2015 年第 10 期。

52. 胡云腾：《谈〈刑法修正案（九）〉的理论与实践创新》，载《中国审判》2015 年第 20 期。

53. 罗泳诗：《论网络链接的著作权侵权判定标准——以加框链接和下载链接为视角》，华南理工大学 2015 年硕士学位论文。

54. 吕长军：《简析深度链接、加框链接与盗链——以信息网络传播权为视角》，载《中国版权》2016 年第 2 期。

55. 于志刚：《网络空间中犯罪帮助行为的制裁体系与完善思路》，载《中国法学》2016 年第 2 期。

56. 张明楷：《论帮助信息网络犯罪活动罪》，载《政治与法律》2016 年第 2 期。

57. 毛玲玲：《传播淫秽物品罪中"传播"行为的性质认定》，载《东方法学》2016 年第 2 期。

58. 刘艳红：《网络犯罪帮助行为正犯化之批判》，载《法商研究》2016 年第 3 期。

59. 阎二鹏：《法教义学视角下帮助行为正犯化的省思》，载《社会科学辑刊》2016 年第 4 期。

60. 涂龙科：《网络服务提供者的刑事责任模式及其关系辨析》，载《政治与法律》2016 年第 4 期。

61. 陆凤玉、刘乐：《“不跳转深度链接”侵权的判定标准》，载《上海法治报》2016 年 5 月 18 日 B6 版。

62. 李世阳：《论网络服务提供者的刑事责任——立足于刑法第 286 条之一的解释》，载中国社会科学院 2016 年度“网络犯罪的刑事立法与刑事司法前言问题学术研讨会”会议论文集。

63. 赖江林：《视频网站加框链接侵害著作权的刑法规制研究》，华南理工大学法学院 2016 年硕士学位论文。

64. 陈兴良：《快播案一审判决的刑法教义学评判》，载《中外法学》2017 年第 1 期。